상 위 5 % 총 서

상위5%로 가는 사회탐구교실 10

교통과
산업

사회탐구총서 편찬위원회

편찬위원
성태용(한국학술진흥재단 인문학 단장)
윤범모(미술평론가, 경원대학교 미술대학 교수)
이희근(역사학자)

집필위원
대표집필_서영일
단국대학교 사학과를 졸업하고, 같은 대학에서 문학박사 학위를 받았다.
주요 연구 분야는 고대 교통로 및 역사고고학이며, 단국대학교 사학과 초빙교수이다.
주요 저서와 논문으로는 《신라 육상 교통로 연구》, 《한성 백제 시대의 산성과 지방 통치》, 〈한성 시대 백제 북방 교통로〉, 〈6~7세기 고구려의 남경 고찰〉, 〈한성 백제의 남한강 수로 개척과 운영〉등 다수가 있다.

권기현(한국방송플러스 지역경영연구소 소장)
박상건(성균관대학교 겸임 교수, 섬문화 연구소 소장)
송윤섭(어린이 책 전문 작가)
유근배(서울대학교 지리학과 교수)
이승희(어린이 책 전문 작가)
이완옥(국립수산과학원 중부내수면연구소 연구원)
이우신(서울대학교 야생동물학 교수)
이정범(근현대사 전문 작가)
이정희(국립수목원 재직)
이진청(서울 원묵고등학교 지리 교사)
전영재(춘천 MBC, DMZ 생태 전문 기자)
최용근(한국동굴생물연구소 소장)

기획 (주)불지사 기획실
　　책임 기획_이향숙
　　진행_김영순, 정윤경, 김소영, 임상락, 유병수

논술
대표집필_신현숙(한국언어사고개발원 부원장)
최윤지(한국언어사고개발원 연구원), 신운선(한우리독서문화운동본부 강사),
김은영(독서교육기관 강사), 김주희(평생교육원 독서논술 강사),
신혜금(평생교육원 논술, 독서치료 과정 강사), 인선주(한우리독서지도사, 한국독서지도연구회 연구원)

교정·교열
이경윤, 장경원, 이승희

그림 김이솔
사진 제공: 국립경주박물관(경박/ 200911-166), 국립해양유물전시관, 고려대도서관, 김영환, 박종진, 엔사이버, 시몽포토에이전시, 연합뉴스, 북앤포토, 유로크레온, 타임스페이스, 중앙포토, 뉴스뱅크이미지
사진 리서치 홍수진(시몽포토에이전시)
디자인 씨오디 Color of dream

상위 5% 총서

상위 5%로 가는
사회탐구교실 10

사회탐구총서 편찬위원회 엮음
대표집필 서영일

교통과 산업

중학교 국사
V. 조선의 성립과 발전
고등학교 국사
VII. 민족 문화의 발달

 간행사

우리나라의 역사와 문화, 자연과 지리, 사회탐구 영역을 책임진다

    '상위 5% 총서' 중 30권에 해당하는 '사회탐구총서'(이하 '사탐총서') 편은 학습과 교양 지식을 함께 전달한다는 취지에 맞추어 준비되었습니다.

    사탐총서는 역사, 사회, 문화, 예술 등 각 분야를 연구하거나 교육하는 전문가들이 중심이 되어 기본 방향과 큰 주제를 정하고, 그 틀에 맞는 차례와 내용으로 기획, 편찬되었습니다. 이렇게 3년여에 걸쳐 이뤄진 사탐총서에는 무려 30명 가까운 전문가들이 노고를 아끼지 않으셨습니다.

    사탐총서는 특목고, 자사고 등 상위권 고등학교 진학을 목표로 공부하는 초·중학생들이 기본적으로 터득해야 할 우리나라의 역사와 지리, 문화, 자연, 예술 등 사회 탐구 분야를 다룬 국내 최초의 총서입니다.

    이 사탐총서는 크게 문화탐구, 역사탐구, 사회탐구 등 세 분야로 나누어 중·고등학교 교과에서 다루는 전반적인 지식학습을 모두 담는 데 주력했습니다. 그리하여 초등 고학년부터 미리 예습하고, 공부할 수 있도록 구성했습니다.

    먼저, 1세트인 '문화탐구' 편에서는 우리나라의 가장 중요한 문화재, 유적, 사적, 성과 왕릉을 비롯해 문학, 미술, 공예, 음악, 사상까지 두루 다루어 청소년들이 학습은 물론 지식교양까지 터득하는 폭넓은 지식총서로서의 역할을 할 수 있게 했습니다.

    2세트인 '역사탐구' 편에서는 한국사를 시대 흐름대로 살펴보는 통사 6권과 특별한 주제를 가진 주제사 4권 등 모두 10권으로 구성했습니다. 이 가운데 통사는 중·고교 교과서를 바탕으로 시대를 분류했으며, 특별히 독립운동사를 한 권의 책으로 구성했습니다.

건국사, 전쟁사, 해양사, 문물교류사로 이루어진 주제사는 교과서에서 따로 다루지는 않지만 한국사를 이해하는 데 꼭 필요한 내용을 일목요연하게 정리했다는 특징이 있습니다.

이러한 분류 기법은 입체적인 역사 학습과 이해에 획기적인 도움을 줄 수 있을 뿐 아니라 단순한 시대적 역사 인식에서 한 걸음 나아가 스스로 비교하고 깨우치는 '생각하는 역사'의 길을 제시해 줄 것입니다.

마지막으로 3세트인 '사회탐구' 편에서는 크게 한반도의 자연과 지리, 생활사 등을 다루었습니다. 우리나라의 섬과 바다, 산과 강, 지형과 기후, 교통산업, 생태계 등 주로 암기과목으로 분류되는 지리 편에 무게를 두어 심도 있게 편찬, 기술했습니다.

사탐총서의 편찬위원들은 우리 청소년들이 대한민국의 역사와 문화, 사상을 가장 먼저, 확실하게 터득해 진정한 상위 5%가 되기를 바랍니다. '상위 5% 사탐총서'는 바로 이런 목적에 맞춰 오랜 시간을 준비하고, 다듬어 선보이게 된 것입니다.

부디 이 시리즈를 통해 광범위한 지식과 교양을 터득하고 나라와 겨레를 사랑하는 훌륭한 인물이 되기를 진심으로 바랍니다.

'사회탐구총서 편찬위원' 일동

# 머리말

우리나라의 자연과
그 속에 사는 우리의 모습

우리나라의 자연은 어떠한 특징을 갖고 있을까요?

아울러 그러한 자연 속에서 우리 민족이 일구어 낸 산업과 과학과 삶은 어떤 모양을 갖추고 있을까요?

상위 5% 사회탐구총서 3세트는 바로 이러한 우리나라의 자연과 삶을 정리하는 '사회탐구'에 학습 목표를 두었습니다.

우리나라는 어느 곳에 위치해 있으며, 어떤 지형적 특징이 있는지, 그리고 그러한 환경 속에서 우리 조상들은 어떻게 살아왔는지 등을 살펴보면 앞에서 다룬 5000년의 유구한 역사가 어떻게 이어지고 발전할 수 있었는지 보다 입체적으로 이해할 수 있을 것입니다.

따라서 이번 사회 탐구 시리즈는 크게 세 부분으로 구성했습니다.

먼저 우리나라의 지리 및 지형적 특징을 살펴보고, 다음으로 우리나라에 사는 동식물과 생태계의 특징 및 기후를 살펴봅니다. 그리고 끝으로 우리 조상들이 일궈온 독창적인 문물과 풍습을 살펴볼 것입니다.

첫 번째 우리나라의 지리 및 지형적 특징을 설명하기 위해 섬과 바다, 산과 강, 동굴과 습지로 주제를 구분해 3권으로 구성했습니다. 섬과 바다에서는 삼면이 바다인 우리나라의 지리적 특성과 울릉도와 독도, 다도해 해상 국립 공원, 슬픈 역사의 현장이 되었던 강화도 등이 다루어지며, 산과 강에서는 한반도의 등뼈인 백두대간에서 우리나라를 대표하는 명산들, 그리고 민족의 젖줄인 한강과 압록강, 두만강 등을 살펴봅니다. 동굴과 습지는 우리나라 곳곳에 분포하고 있는 동굴들의 특징과 생태계의 보고인 습지들을 살펴봅니다.

　두 번째 우리나라에 사는 동식물과 생태계의 특징 및 기후를 설명하기 위해서는 천연기념물, 생태계, 지형과 기후 3권을 할애했습니다. 천연기념물에서는 각종 희귀생물과 그 자생지 등을 살펴보고, 생태계에서는 민족의 영산인 백두산과 섬 전체가 천연기념물인 홍도, 야생 동식물의 낙원이 된 비무장지대 등의 생태계를 다룹니다. 지형과 기후에서는 우리나라 기후의 특징을 살펴보고 산지, 하천, 평야 등 앞에서 다루지 못한 다양한 지형들의 특징을 살펴봅니다.

　마지막 우리 민족이 이룩한 독창적인 문화를 살펴보기 위해서는 전통 과학, 책과 인쇄, 전통 생활, 교통과 산업 4권으로 구성했습니다. 전통 과학은 석굴암, 한지, 거북선 등 세계적인 과학 기술을 소개하고, 책과 인쇄는 우리나라의 우수한 인쇄 기술을 설명함과 동시에 조상들이 남긴 우수한 책들을 소개했습니다. 전통 생활에서는 우리 조상들의 의식주 및 관혼상제 등을 다루었으며, 교통과 산업은 과거의 교통수단과 화폐와 금융, 고대 동아시아의 교역 등을 통해 우리 조상들의 경제생활을 살펴보았습니다.

　역사적 사건에는 항상 수많은 원인과 결과들이 엉켜있습니다. 따라서 역사적 사실을 이해할 때 어느 한 부분만 강조하게 되면 편협한 역사관을 갖게 될 수 있습니다. 이번 사회·지리 탐구 시리즈는 우리 학생들이 사실 나열적인 역사 공부에서 벗어나 보다 입체적이고 통합적인 학습을 할 수 있도록 심혈을 기울였습니다. 모쪼록 역사 공부가 딱딱한 암기에서 벗어나 즐겁고 이해하는 공부가 될 수 있기를 바랍니다.

'사회탐구교실 집필위원' 일동

일러두기

상위5%로 가는 사회탐구교실 안내서
본 시리즈 내에서 각 과목의 내용이 어떻게 구성되어 있는지 보여 준다.

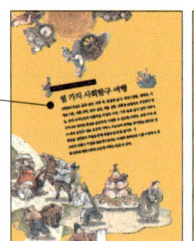

장 소개
각 장에서 다루는 주제에 대해 미리 생각할 수 있도록 핵심 내용을 간략하게 제시하였다.

팁
본문에 나오는 어려운 용어, 역사적인 사건 등을 따로 떼어서 쉽고 자세한 설명을 붙여 이해도를 높였다.

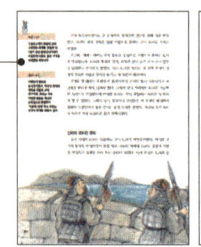

인물노트
본문에 나오는 역사적 인물에 대한 정보를 알 수 있도록 생애와 업적을 간략히 소개하였다.

사진
눈으로 보고 확인할 수 있는 다양한 시각 자료를 통하여 본문의 내용을 깊이 있게 이해하도록 도와 준다.

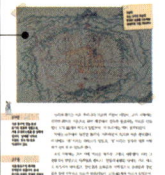

그림
학습 내용과 관련된 그림을 제시하여 이해를 도울 뿐 아니라 흥미를 유발하여 학습 동기를 갖게 하였다.

쉬는시간 교양충전
본문의 주제와 관련하여 알려지지 않은 흥미로운 이야기를 소개하거나 역사적으로 중요한 사건에 담긴 속뜻을 살펴보았다.

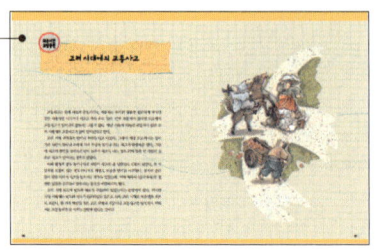

논술로 다시 읽는 교통과 산업
책에서 다루는 주제들을 2개의 통합 주제로 묶어 글 읽는 방법, 생각하는 방법, 글 쓰는 요령, 토론하는 자세 등 맞춤형 논술을 제시한다.

찾아보기
궁금한 주제어를 빨리 찾아볼 수 있도록 해당 주제어가 나오는 페이지를 표시하였다.

간행사
머리말
일러두기
상위5%로 가는 사회탐구교실 안내서

1. 사람과 사람, 지역과 지역을 잇는 도로 · 17

상인들의 필요에 의해 만들어진 교통로
전쟁과 도로의 발달
신라의 국도인 관도
옛 도로는 어떻게 만들었을까?
일본의 야심에서 만들어진 신작로와 철도
쉬는시간 교양충전 – 로마의 도로와 우리나라의 도로

2. 옛날의 교통수단 · 29

바다의 자동차, 배
가장 빠른 교통수단, 말
사람도 물건도 운반하는 수레
쉬는시간 교양충전 – 고려 시대의 교통사고

3. 여행자의 쉼터, 역·원·주막 · 39

교통수단과 식사 등의 편의를 제공한 역
고려 시대의 호텔, 원
대표적인 민간 교통시설, 주막
쉬는시간 교양충전 – 고려 시대 왕립 호텔, 혜음원

4. 옛날의 통신수단 · 49

불과 연기로 소식을 알리던 봉수
봉수의 위치와 운영
직접 문서를 전달하는 우역
말과 사람의 걸음으로 소식을 전하는 파발
쉬는시간 교양충전 – 마패로 말을 빌린다고요?

상위5%로 가는 사회탐구교실 안내서

열 가지 사회탐구 여행

사회탐구교실은 섬과 바다, 산과 강, 동굴과 습지, 천연기념물, 생태계, 지형과 기후, 전통 과학, 책과 인쇄, 전통 생활, 교통과 산업으로 구성되어 있다. 특히 우리나라의 아름다운 자연과 지리, 기후 등을 깊이 있게 다루어 우리나라 영역의 특성을 올바르게 이해할 수 있도록 하였다. 또한 우리 역사 속에 숨쉬고 있는 조상의 지혜가 오늘날의 과학을 뛰어넘는 놀라운 것들임을 사회탐구 여행을 통해 새롭게 알게 될 것이다. 그리고 더불어 자연을 훼손하기보다는 자연과 함께하며 이를 이용하여 생활 과학을 발달시켰던 조상의 지혜도 배울 수 있다.

전통 과학
- 온돌과 숨 쉬는 우리 그릇
- 우리 민족의 자랑, 석굴암
- 인쇄 기술과 한지
- 훈민정음과 조선의 천문학
- 측우기와 거북선의 발명
- 발효 식품과 짚풀 문화
- 친환경적인 자원의 재활용

책과 인쇄
- 삼국 시대와 조선 시대의 인쇄술
- 세계 최초의 금속활자
- 몽골의 침략과 팔만대장경
- 조선왕조실록
- 종교, 정치 제도, 전쟁에 관한 책
- 실학, 과학, 지리, 역사. 천문, 의학에 관한 책
- 한글로 만들어진 고전

전통 생활
- 전통 교육과 놀이
- 관례와 혼례
- 선비들의 생활
- 농민, 어부, 장인, 천민들의 삶
- 전통 음식과 옷차림
- 명절과 제사
- 농민들을 하나로 이어주는 두레

교통과 산업
- 옛날 도로와 교통수단
- 숙박 시설인 역, 원, 주막
- 옛날 통신 수단, 봉수와 파발
- 소금의 생산과 유통
- 고려와 조선 시대의 상업
- 화폐와 금융
- 고대 동아시아 교역과 바닷길

사람과 사람, 지역과 지역을 잇는 도로 01

사람과 차가 다니는 길인 도로는 우리가 생활하는 데 있어서 꼭 필요한 교통수단 중 하나로, 우리 몸에 비유하면 혈관과 같은 역할을 한다. 사람이 사는 곳에는 어디든 길이 만들어졌고, 사회나 국가가 발전할수록 더 훌륭한 도로가 만들어졌다. 이러한 도로는 문명의 발달을 가늠하는 척도가 되기도 한다.

사람과 차가 다니는 길인 도로는 우리가 생활하는 데 꼭 필요한 교통수단 중 하나이다. 그래서 도로가 끊어지거나 막히면 먹을 것은 물론 생활에 필요한 물건들을 구할 수 없다. 이처럼 도로는 생활에 필요한 물건의 생산과 유통뿐만 아니라, 경제적·문화적으로도 중요한 역할을 한다. 그래서 사람이 사는 곳에는 어디든 길이 만들어졌고, 사회나 국가가 발전할수록 더 훌륭한 도로가 만들어졌다.

대부분의 사람들은 옛날에 우리나라에는 넓고 잘 정비된 도로가 없었다고 생각하는데, 이러한 오해는 19세기 말의 도로 사정에서 비롯되었다. 우리나라는 여름에 비가 많이 와서 도로가 망가지기 쉽다. 또한 겨울에는 눈이 쌓이고, 길 바닥이 얼어붙기 때문에 한 해만 관심을 기울이지 않아도 도로가 엉망이 되었다.

그런데 19세기 말에는 관리들의 부패가 심하고 나라 재정 형편도 나빠서 도로를 관리하고 고치는 데 신경을 쓰지 못했다. 결국 전국의 도로는 엉망이 되었고, 당시 서양인들은 조선이 발전하지 못한 이유를 형편없는 도로 시설 때문이라고 생각했다.

하지만 최근에 경주나 부여 등에서 발굴된 삼국 시대 도로를 살펴보면 그러한 생각이 잘못된 것임을 알 수 있다. 삼국 시대에는 차도와 인도를 구분했고, 수레가 다니기 편리하도록 길을 포장했다. 이처럼 우리나라는 삼국 시대부터 도로를 건설하는 뛰어난 기술을 가지고 있었다.

상인들의 필요에 의해 만들어진 교통로

역사상 교통로를 만드는 데 가장 열심이었던 사람은 누구일까? 바로 상인들이었다. 상인들은 물건을 옮기려면 길이 있어야 했기 때문에 스스로 교통로를 개척했다. 그리고 길을 안전하게 다니기 위해 무장을 함으로써 스스로를 보호했다.

우리나라에서도 교통로를 개척하는 데 가장 앞장섰던 사람은 고조선의 상인들이었다. 그런데 고조선이 망하자 중국 한나라의 상인들이 고조선의 교통로를 차지했다. 이들은 낙랑을 중심으로 주로 서해안과 남해안의 섬과 만을 연결하는 해로(바닷길)를 따라서 활동했으며, 강을 이용해 내륙까지 들어가기도 했다. 그리고 삼한 시대의 대표적인 작은 나라들은 모두 항구가 들어서기 좋은 강의 하류 지역이나 배가 닿기 좋은 바닷가에 위치했다. 그래서 수로를 육로보다 더 활발히 이용했다.

고조선

우리나라 최초의 국가로, 기원전 2333년 단군왕검이 세웠다고 전한다. 요하와 대동강 유역에 있었던 고조선은 청동기 시대에 국가를 형성했으며, 한(漢)의 침입으로 기원전 108년에 멸망했다.

전쟁과 도로의 발달

삼국 시대 이전까지는 도로가 발달하지 않았기 때문에 수로가 주로 사용되었다. 도로가 크게 발전하기 시작한 것은 삼국 시대였는데, 전쟁에서 승리하기 위해서는 무엇보다 보급품을 수송하기 위한 도로가 필요했기 때문이다. 그래서 군대가 전쟁터로 진격하는 시기에 맞춰 도로와 다리가 만들어졌다.

삼한

삼국 시대 이전 한반도 한강 유역으로부터 중남부 지방에 걸쳐 형성되었던 여러 작은 나라로 크게 마한·진한·변한으로 구분되었다. 삼한의 위치에 대해서는 여러 가지 의견이 있으나 일반적으로 마한은 한강 유역으로부터 충청·전라도에 걸쳐 있었으며, 진한은 경상도와 낙동강 동부 지역, 변한은 경상남도 낙동강 서부 지역에 있었던 것으로 알려져 있다.

경주 인왕동에서 발견된 신라 시대 도로 유적지이다.

페르시아
기원전 6세기 후반에 고대 오리엔트 세계를 통일해 약 2세기 동안 중앙아시아에서 이집트에 이르는 넓은 지역을 지배했던 제국이다.

로마 제국
이탈리아 반도의 도시국가로서, 역사상 최대의 제국을 세웠던 고대 국가이다. 로마는 여러 지방과 민족을 하나의 교역권으로 통합하여 '지중해 세계'라고 부르는 역사적 세계를 만들어 냈다.

고대 페르시아에서도 군 공병대가 원정군의 진군을 위해 길을 만들었고, 로마도 세계 정복을 위해 사방으로 통하는 군사 도로를 가지고 있었다.

고구려·백제·신라는 각각 왕도를 중심으로 사방으로 통하는 도로를 만들었는데, 도로의 개설과 정비, 운영과 관리 등은 모두 군사 업무를 담당하는 부서에서 맡았다. 이는 도로를 만드는 첫 번째 목적이 전쟁에 필요한 사람과 물자를 옮기는 데 있었기 때문이다.

전쟁을 할 때에는 후방에서 전쟁터까지 군사를 빨리 이동시키고 보급품을 빠르게 실어 날라야 했다. 그래서 삼국 시대에는 도로를 가능한 한 직선으로 건설했는데 이러한 도로는 적이 침입하는 속도를 더 빠르게 할 수 있었다. 그래서 당시 정치가나 군인들은 이 문제를 해결하기 위해서 고갯길이나 강을 건너는 곳에 산성을 쌓았다. 적군의 진격 속도를 늦추고 적의 보급로를 끊기 위해서였다.

신라의 국도인 관도

삼국 시대의 도로는 처음에는 군사 도로가 대부분이었다. 하지만 국가의 통치가 안정되면서 점점 다른 기능이 더해져 도로는 중앙과 지방을 연결하고 경제를 묶어 주는 수단이 되었다. 이에 삼국은 도로의 중

요성을 느끼고 새로운 도로를 만들거나 이미 있던 도로를 정비하는 데 힘을 쏟게 되었다.

　신라에서는 나라에서 직접 관리하는 도로를 '관도'라고 했는데, 지금의 국도와 같은 것이었다. 관도는 주로 관리나 군인들이 사용했지만 상인들도 더러 이용했다. 관도 주변에는 일정 거리마다 역이 설치되어 있었으며, 말이나 배 같은 교통수단을 제공하고 잠을 자거나 음식을 먹을 수 있는 시설도 갖추어져 있었다.

　관도를 따라 수도와 지방을 왕래하면서 일하는 '도사'라는 관리도 있었다. 왕명을 받아 지방에 파견된 도사는 세금을 걷거나 노동력을 강제로 모았으며, 역을 관리하고 관도를 정비하는 일도 했던 것으로 추정된다.

　관도가 정비되자 물자가 활발히 유통되고 사람의 왕래도 빈번해졌다. 그러자 수도는 물론이고 지방 도시에도 시장이 생겨났으며, 새로운 기술도 빠르게 퍼졌다. 국왕도 관도를 이용해 여행하면서 지방 사정을 살펴보았다.

도성도
조선 시대의 도성인 한양의 모습을 산수화로 상세하게 그린 지도이다.

숭례문
서울 중구에 있는 조선 초기의 대표적 성문으로, 서울 도성의 4대문 중 남쪽에 있어서 '남대문'이라고 부른다. 국보 제1호로 지정되어 있다.

돈화문
서울 종로구에 위치한 창덕궁의 정문이다. 조선 중기에 세워진 궁궐의 대표적 정문으로 보물 제383호로 지정되어 있다.

    신라의 관도는 이후 우리나라 도로의 기본이 되었다. 고려 시대에는 신라의 관도를 기본으로 삼아 개경에서 전국을 연결하는 역로를 만들었다. 모두 22개의 역로가 있었으며, 각 도로에는 역이 설치되었다.
    역에는 나라에서 파견한 관리가 거주하면서 도로와 역을 관리했다. 이 밖에도 '관'이라는 숙박소가 있었고, '정'이라는 정자를 세워 여행자가 쉬어 갈 수 있도록 했다.
    조선 시대에는 고려 시대 역로를 대부분 그대로 사용했다. 다만 그 출발지가 한양으로 바뀌었을 뿐이다. 한양의 4대문 안에는 가로 세로로 시가지가 짜여졌고, 창덕궁과 돈화문을 시작점으로 숭례문과 흥인문을 통해 전국으로 도로가 연결되었다. 모두 40개의 역로가 있었으며, 각 역로는 중요도에 따라 대로, 중로, 소로 등 3등급으로 나누었다.

옛 도로는 어떻게 만들었을까?

삼국 시대의 도로는 삼국의 수도였던 경주, 부여, 평양 등지에서 발굴되었다. 이 중 경주에서 발굴된 신라 시대 도로는 매우 발달된 형태를 보인다. 바닥에 지름 5~10cm의 자갈을 깔고 그 위에 진흙을 여러 번 다져 넣었는데, 이는 빗물이 잘 빠지고 도로가 파이지 않도록 하기 위해서였다. 표면은 진흙과 모래를 섞어서 단단히 다져 마무리했다.

도로의 양쪽 가장자리에는 돌을 쌓아 배수로를 만들었고, 차도와 인도를 구분했다. 차도로는 수레나 말이 다니고 사람은 인도로 다녔다. 큰 길은 너비가 15.5m, 중간 것은 9m, 작은 것은 5.5m였다.

고구려와 백제는 도로를 신라와 다른 방식으로 포장했다. 고구려의 수도였던 평양성에서 발굴된 도로는 도로 표면을 강 자갈로 포장했고, 백제의 수도 부여에서 발굴된 도로는 진흙을 다져서 표면을 단단하게 포장했다. 일본의 고대 도로도 백제의 도로와 비슷한 것으로 보아 백제 사람들이 도로 만드는 기술을 일본에 전했음을 짐작할 수 있다.

오늘날 옛 도로의 모습을 알 수 있는 자료는 많지 않다. 그나마 지금까지 남아 있는 옛 도로는 고갯길이나 천도이다. 고갯길은 오늘날에도 정상부를 파내어 경사를 줄이는데, 옛날 도로 역시 마찬가지였다.

천도는 강이나 계곡의 절벽을 파서 만든 도로로, 가장 대표적인 것은 경북 문경과 점촌 사이에 있는 관갑천도이다. 이 도로는 영강의 20~30m

흥인문
서울 종로구에 있는 조선 시대 성문으로, 도성의 동쪽에 있다 하여 '동대문'이라고 한다. 보물 제1호로 지정되어 있다.

관갑천도
토끼길이라고도 부르는데, 고려 태조 왕건이 견훤과 전투를 벌이던 중 절벽에 길이 막혀 헤매고 있을 때 마침 토끼 한 마리가 벼랑을 따라 달아나는 것을 보고 그 길을 따라 길을 냈다는 유래가 있다.

높이에 있는 절벽을 깎아 내고 약 3m 폭의 길을 만들었다. 절벽 쪽으로는 축대를 쌓거나 나무로 난간을 만들었다. 낙동강 하류에도 천도가 있는데, 경남 밀양과 물금 사이 낙동강 동쪽 절벽을 깎아 내고 만들었다. 하지만 경부선 철도가 이 길을 따라 만들어지면서 지금은 대부분 없어졌다.

일본의 야심에서 만들어진 신작로와 철도

1899년 노량진과 제물포 사이에 우리나라 최초의 철도인 경인선이 개통되었고, 1905년에는 서울과 부산을 잇는 경부선 철도가 개통되었다. 철도와 기차를 처음 본 사람들은 큰 충격을 받았다. 곳곳에서 철도

경인선
서울과 인천을 잇는 우리나라 최초의 철도이다. 1897년에 공사를 시작했으나 자금 부족으로 중단된 후 경인철도회사가 이를 인수하여 1900년에 완공했다.

가 지나가는 것을 반대했는데, 특히 조선 시대 지방의 큰 도시에서 반대가 더 심했다. 그 때문에 철도는 비교적 지방 사대부와 백성들의 반대가 덜한 지역을 지나게 되었다.

우리나라에 승용차가 처음 들어온 것은 1903년이다. 1905년 일제는 전국의 주요 도로를 고치거나 새로 만들기 시작했는데, 이를 '신작로'라고 불렀다. 일제가 신작로를 만든 것은 일자리를 늘려서 민심을 달래고, 우리나라를 침략하는 데 필요한 군사 도로를 만들기 위해서였다.

하지만 신작로의 건설도 철도와 같이 환영 받지 못했다. 신작로를 만들어도 그것을 이용할 교통수단이 없어서 우리나라 사람들에게는 큰 도움이 되지 못했기 때문이다. 더구나 일제에 대한 반감으로 신작로가 개통된 후에도 사람들은 한동안 옛 도로를 사용했다.

일제는 철도와 신작로를 만들어 교묘하게 우리나라의 교통과 산업을 파괴했다. 자기들의 입맛에 맞는 새로운 길과 도시를 만들어 옛 도로를 중심으로 형성된 장시가 쇠퇴하였고, 이에 일본은 우리나라의 경제를 쉽게 손아귀에 넣을 수 있었다. 결국 철도와 신작로는 우리나라에서 일본이 필요한 물자를 쉽게 빼앗아 가기 위한 수단이었고, 대륙 침략에 대비해 군수 물자를 옮기기 위한 수단이었던 것이다.

우리나라의 철도

1899 경인선: 제물포~노량진
1900 경인선: 노량진~서울
1905 경부선: 서울~부산
1906 경의선: 서울~신의주
1914 호남선: 대전~목포
　　 경원선: 용산~원산
1929 충북선: 조치원~충주
1931 장항선: 천안~장항
1936 전라선: 익산~여수
1939 경춘선: 성동~춘천
1942 중앙선: 청량리~경주
1955 영동선: 철암~북평
1963 교외선: 능곡~의정부
1966 고한선: 예미~고한
　　 경북선: 영주~예천
1968 경전선: 진주~광양

쉬는시간 고양충전

로마의 도로와 우리나라의 도로

"모든 길은 로마로 통한다."

얼마나 길을 잘 만들었으면 이런 말이 지금까지 전해지고 있을까?

로마는 전 세계로 통하는 도로를 만들고, 이 도로를 이용해 세계를 지배했다. 그래서 서양인들은 로마의 도로를 고대 도로의 표준으로 생각하고 있다. 하지만 과연 그럴까?

로마의 길은 넓었고, 표면을 돌로 포장해 단단했다. 사람이 지나다니기에는 더할 나위 없이 훌륭한 도로였다. 그런데 수레가 다니기에는 문제가 있었다.

수레바퀴에 눌린 곳은 돌이 들어가고 그 주변은 돌이 튀어나와 도로가 울퉁불퉁해졌기 때문이다. 마치 고속도로에 큰 화물차가 지나가면서 아스팔트에 흔적을 남기는 것과 마찬가지였다. 이러한 도로는 시간이 지날수록 표면을 포장한 돌이 튀어나오거나 들어가서 울퉁불퉁해진다. 게다가 폭우가 쏟아지면 흙은 없어지고 돌만 남아 통행이 어려워지게 된다.

또 이처럼 돌로 포장된 도로에서는 수레바퀴가 잘 구르지 못하고 바퀴의 살도 잘 부러진다. 그래서 수레가 잘 다닐 수 있도록 하기 위해서는 포장된 돌 틈을 자주 흙으로 메워 주어야 했다.

여기에 비해 우리나라의 도로는 돌을 깔고 위에 진흙과 모래를 다져서 마무리했다. 그래서 수레를 사용하기도 적당했고, 또 우리나라의 기후에도 적합한 형태의 도로였다. 그런데도 로마의 도로가 세계 최고라고 할 수 있을까? 우리나라보다 더 발달된 도로라고 할 수 있을까?

옛날의 교통수단 02

교통의 발달에서 가장 중요한 요소는 탈것이다. 특히 먼 거리를 여행할 때나 물건을 나를 때 탈것이 필요하다. 인류는 이러한 문제를 해결하기 위해 일찍부터 동물을 길들여 사용했는데, 주로 말·낙타·소 같은 동물이 이용되었다. 이후 문명이 발달하면서 수레, 배 등을 만들어 사용하기도 했다.

신석기 시대
고고학상의 구분에 의한 문화 발전 단계의 하나로, 석기 시대의 한 단계이다. 식량을 채집하고 방랑 생활을 하던 구석기 단계에서 벗어나 인류가 식량을 생산할 수 있게 되면서 무리지어 정착 생활을 하는 단계로까지 발전했다. 대부분의 신석기 문화에서는 토기를 제작, 사용했으며 또한 목축과 농경도 이루어졌다.

청동기 시대
청동기 시대는 동기에 주석을 합금해 강도를 강하게 한 청동으로 무기나 제사 용구를 만들었던 시기이다. 신석기 시대에 비해 사회 규모가 커지고 빈부의 차이가 크게 생겨 권력이 탄생했다.

배는 가장 오래된 교통수단이다. 우리나라에서 배를 언제부터 사용했는지 분명하지는 않지만 신석기 시대부터 이용했던 것으로 추정하고 있다. 신석기 시대에는 마을이 해안, 섬, 하천 등지를 중심으로 분포되어 있었는데, 특히 우리나라의 서해안과 남해안은 섬과 만이 발달하여 서로 왕래하기가 편했다. 뗏목과 같은 단순한 배로도 섬과 섬 사이를 건널 수 있었을 뿐 아니라 섬을 징검다리 삼아 비교적 먼 거리도 갈 수 있었다. 신석기 시대에 사용한 배의 모습은 정확하게 알려지지 않았지만 갈대나 나무를 엮어 만들었거나 통나무를 파서 만들었던 것으로 추정된다.

청동기 시대의 바위 그림을 보면 배를 타고 고래나 물고기를 잡는 모습이 그려져 있다. 이 그림으로 미루어 보아 청동기 시대에는 배를 사용하여 가까운 바다에서 고기를 잡고 교역도 했던 것으로 짐작된다.

바다의 자동차, 배

우리나라의 조선 기술이 크게 발달한 것은 삼국 시대였다. 삼국은 외국과 무역을 하기 위해 먼 거리를 왕래하고 많은 물건을 실을 수 있는 큰 배가 필요했다. 또한 배를 전쟁에 이용하면서 조선 기술이 더욱 발전했다. 기존의 배를 더 단단하고 속도가 빠른 배로 개량해서 전투용 함선으로 이용했던 것이다. 기록에 의하면 고구려의 광개토왕이 많은 수의 군대를 배에 태우고 백제를 공격하기도 했다. 하지만 현재 삼국 시대 전투용 배의 모습을 알 수 있는 자료는 남아 있지 않다.

통일 신라 시대에는 대외 교역이 더욱 활발해졌다. 바닷길이 열리면서 동서양의 무역이 활발해졌다. 신라의 배는 동남아시아 일대까지 항해하기도 했는데, 당시 신라의 배가 얼마나 튼튼했는지 알 수 있는 기록이 있다. 엔닌이라는 일본 승려가 남긴 일기에 따르면 일본 배는 약해서 바다를 항해하기 어려웠지만, 신라의 배는 큰 파도를 헤치며 나아

갈 수 있을 정도로 크고 단단하다고 기록되어 있다.

고려를 세운 왕건은 당나라와 무역을 하던 상인 가문 출신으로, 젊은 시절에는 수군 대장이 되어 후백제의 수군과 싸워 큰 승리를 하기도 했다. 그가 견훤을 물리치고 후삼국을 통일할 수 있었던 것도 강력한 수군을 가지고 있었기 때문이다. 왕건의 군대에는 튼튼한 배와 노련한 뱃사람이 있었는데, 이전에는 주로 상선을 만들고 운영하던 사람들이었다.

고려는 송나라와의 무역을 중시했는데, 거란을 피해 주로 해상로를 통해서 무역이 이루어졌다. 그래서 고려는 서해를 횡단할 수 있는 튼튼한 배를 만들었던 것이다. 이러한 고려 시대의 배는 서해안에서 침몰된 채로 발굴되기도 했으며, 최근에는 중국에서도 고려의 무역선이 발굴되었다.

인물노트

광개토왕 (374~412)

고구려 제19대 왕이다. 소수림왕의 정치적 안정을 기반으로 고구려의 영토와 세력권을 확장했다. 410년에는 동부여를 굴복시킴으로써 북쪽과 동쪽으로 세력권을 확장했을 뿐 아니라 영토를 크게 팽창시켜, 서쪽으로는 요하, 북쪽으로는 개원~영안, 동쪽으로는 훈춘, 남으로는 임진강 유역에까지 이르렀다.

안좌선
2005년, 전남 신안군 안좌면 금산리 앞바다에서 인양한 고려 시대의 배이다. 이러한 수중 발굴을 통해 고려가 주변 나라들과 활발한 해상 무역을 했음을 알 수 있다.

그러나 고려 후기에는 원나라의 간섭으로 배 만드는 기술이 더 이상 발달하지 못했다. 원나라가 고려의 반항을 두려워해 수군을 양성하거나 전투용 배를 만드는 것을 통제했기 때문이다. 하지만 원나라의 간섭에서 벗어난 이후 고려는 왜구의 침입을 물리치기 위해 전투용 배를 만들기 시작했고, 이는 조선 초까지 그대로 이어졌다. 조선 정부는 일반 백성이 바다로 나가는 것은 금지했지만 수군을 양성하고 배를 만드는 일은 적극적으로 지원하여 세계 최초의 철갑선인 거북선을 만들기도 했다.

조선 시대의 군용 배를 '판옥선'이라고 부르는데, 밑바닥이 편평한 평저선이었다. 평저선은 파도의 영향을 크게 받기 때문에 원양 항해는 어렵지만, 조수간만의 차가 크고 조류의 변화가 심한 우리나라의 서해안과 남해안 일대에서는 매우 적합한 형태였다. 또한 판옥선은 단단한 배여서 임진왜란 때 가까운 거리에서는 왜군의 배를 들이받기도 했다.

그러나 임진왜란에도 불구하고 이후 조선의 지배층은 바다와 배에 대해 크게 관심을 갖지 않았는데, 이는 조선 전기까지 발달되었던 배 만드는 기술을 쇠퇴시키는 원인이 되었다.

가장 빠른 교통수단, 말

말은 차나 기차가 등장하기 전까지 가장 빠른 교통수단이었다. 서남아시아에서는 기원전 3000년경부터 말을 가축으로 길렀고, 기원전 1300년부터는 사람을 태우거나 전차를 끄는 데 사용했다. 중국도 기원전 1500년부터 말과 전차를 도입했는데, 처음에는 말에 직접 올라타지 않고 말이 끄는 전차를 이용했다.

말 등에 올라타는 기마술은 중앙아시아 유목 민족에 의해 시작되었다. 중국은 전국 시대 이후 북방 민족과 싸우기 위해 기마술을 받아들였다.

우리나라에 말이 들어온 시기는 정확하지 않지만 고조선 시대에 몽골 초원의 북방 민족을 거쳐서 말과 기마술이 도입된 것으로 추정된다. 이후 부여, 고구려 등을 거치면서 나라 전체에서 말을 사용하게 되었다. 특히 고구려 사람들은 뛰어난 기마술을 가지고 있었는데, 고분 벽화를 보면 고구려 사람들이 말을 타고 몸을 뒤로 틀어서 활을 쏘는 모습이 남아 있다.

고구려 사람들이 사용한 말은 몽골종 계통으로 추정되며, 키가 작지만 지구력이 뛰어나 산이 많은 곳에서 활동하기에 유리했다. 이보다 더 작은 말인 '과하마'는 키가 아주 작았는데, 과일나무 아래를 말을 타고 지날 수 있다고 해서 붙여진 이름이다. 과하마 또한 힘과 지구력이 좋아 산이 많은 곳에 적합했다.

부여와 고구려의 기마 풍습은 백제, 신라, 가야 등지로 전해졌다. 《삼

가야

562년 신라가 대가야를 통합하기 전까지 낙동강 하류 지역인 변한 땅에 있던 국가들을 말한다. 가야에 속하는 국가로는 금관가야(김해)·대가야(고령)·소가야(고성)·아라가야(함안)·성산가야(성주)·고령가야(함창) 등이 있었다.

국지》〈동이전〉에는 3세기경 한반도 남쪽의 마한, 진한, 변한 등지에서는 말을 타지 않는다고 기록되어 있다. 하지만 4세기 이후 한반도 남부 지역에서도 말을 타는 데 사용했던 도구인 마구들이 출토되었다. 이는 4세기 무렵에 말과 기마술이 전해졌음을 보여 주고 있다.

말은 가야나 백제를 통해서 일본에 전해졌다. 일본의 옛 그림에는 배를 타고 온 사람들이 배에서 말을 내리는 장면이 있다. 백제나 가야인들이 일본에 말을 전해 주는 장면을 표현한 것이다.

고려 시대에도 말은 귀족들의 기본적인 교통수단이었다. 승려들도 말을 탔는데 사원 입구에 오늘날의 주차장처럼 마구간이 있었다.

이처럼 조선 초기까지도 말은 지배층의 교통수단이었다. 그런데 말은 풀이나 건초만 먹기 때문에 말을 키우려면 넓은 초원이 필요했다. 하지만 우리나라에는 초원 지대가 적어 말을 키우는 데 까다로울 뿐 아니라 돈도 많이 들었다. 그래서 농사를 가장 중요한 산업으로 생각했던 조선 시대 양반들은 말을 타는 것을 달갑게 여기지 않았다.

그래서 말 대신 사인교나 가마 등 사람을 활용하는 교통수단을 이용하게 되었고, 자연히 말의 활용도는 낮아졌다. 이후 말은 군대 혹은 파발과 같은 통신에만 이용되었다.

사람도 물건도 운반하는 수레

수레도 말과 비슷한 시기인 기원전 3~4세기경 우리나라에 들어온 것으로 짐작된다. 보다 구체적인 증거로는 낙랑 고분에서 발견된 수레 유물과 고구려 고분 벽화이다. 특히 고구려의 고분 벽화에는 각종 수레가 등장하는데, 쌍영총과 덕흥리 고분 등에는 마차, 우차, 수레를 비롯한 다양한 종류의 수레가 그려져 있다.

신라도 실성왕 때부터 국가에서 수레의 보급에 심혈을 기울였다. 경주의 고분에서는 신라 시대의 수레 모양을 본떠 만든 토기가 출토되기도 했고, 신라의 산성에서는 수레에 사용되었던 부속품이 자주 발굴되었다.

군사들에게 식량을 보급할 때도 수레를 활발히 이용했다. 실제로 668년 김유신 장군은 쌀 4,000석과 조 2,000석을 수레 2,000대에 나누어 평양까지 싣고 행군했다는 기록이 있다. 수레의 수가 이처럼 많았던 것으로 보아 평민들에게도 수레가 널리 보급되었던 것으로 추정된다. 하지만 골품제도에 의해 수레를 만드는 나무의 종류, 수레의 꾸미개, 말의 치장 등이 신분에 따라 달랐다.

이처럼 삼국 시대나 통일 신라 시대에는 귀족은 물론 평민층에서도 수레를 사용했다. 다만 평민층은 수레를 타기보다는 물건을 운반하는 용도로 사용했다. 고려 시대에도 군사 목적과 물자 운반에 수레가 사용되었던 것으로 보이지만, 사실을 알 수 있는 기록은 거의 없다.

조선 초에는 군사적 목적으로 사용하기 위해 수레를 만들었다는 기록이 있다. 또한 수레를 사람 한두 명이 끌었다는 기록이 많고, 소나 말이 끌었다는 기록은 드물다. 더구나 임진왜란과 병자호란 이후에는 도로가 대부분 파괴되어 사실상 수레를 사용할 수 있는 도로가 거의 없었다.

이에 실학자들은 도로를 넓히고 수레를 사용할 것을 강력히 주장했지만, 조선 후기 이후 도로의 관리와 복구가 이루어지지 않아 수레를 사용할 여건이 되지 못했다.

인물노트

김유신 (595~673)

금관가야의 왕족 출신으로 삼국 통일을 이룩한 신라의 장군이며, 정치가이다. 소정방이 이끄는 당나라군과 연합하여 백제를 멸망시켰다. 또한 666년에는 당나라군과 함께 고구려 정벌에 나섰고, 이후, 당나라 군사를 몰아내는 데 힘을 쏟았다.

쉬는시간 교양충전

고려 시대의 교통사고

교통사고는 현대 사회의 골칫거리다. 자동차는 우리의 생활을 편리하게 하지만 잘못 사용하면 다치거나 사고로 죽을 수도 있다. 만약 이러한 자동차가 없다면 도로에서 교통사고가 일어나지 않을까? 그렇지 않다. 옛날 기록에 의하면 자동차가 없던 고려 시대에도 교통사고가 많이 일어났다고 한다.

고려 시대 귀족들은 말이나 수레를 타고 다녔다. 그래서 개경 도로에서는 걸어가던 사람이 말이나 수레에 치여 부상을 입거나 죽는 사고가 발생하곤 했다. 사고의 원인을 살펴보면 말이 놀라서 사고가 나는 경우 외에 말을 탄 사람의 실수로 사고가 일어나는 경우도 많았다.

이때 대개의 경우 죽거나 다친 사람이 사고를 낸 사람보다 신분이 낮았다. 또 지금처럼 보험이 있는 것도 아니어서 제대로 보상을 받기도 어려웠다. 심지어 승려들이 말을 타다가 사고를 일으키는 경우도 있었는데, 이에 대하여 《삼국유사》를 편찬한 일연은 승려들이 말을 타는 풍조를 비판하기도 했다.

고려 시대 도로에 인도와 차도가 구분되어 있었는지는 분명하지 않다. 하지만 신라 시대에는 인도와 차도가 분리되었던 것으로 보아 고려 시대도 비슷했을 것으로 보인다. 한 가지 확실한 것은 고려 시대나 지금이나 교통사고를 방지하기 위해서는 교통질서를 잘 지키는 길밖에 없다는 것이다.

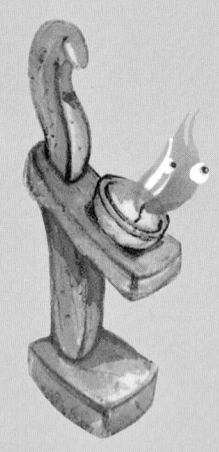

여행자의 쉼터, 03
역·원·주막

대개 인적이 드물고 위험한 지역을 지나는 관리나 상인을 위해 역, 원 등을 만들었다. 이곳은 일반 사람들이 살지 않았기 때문에 승려나 국가에서 지정한 사람들이 일정 기간 동안 봉사했다. 특히 역은 중앙과 지방을 연결하는 교통·통신 수단으로 이를 '우역제도'라고 한다.

옛날에는 여행자가 지금처럼 많지 않았기 때문에 숙박 시설이나 음식점도 많지 않았다. 특히 고갯길이나 사람이 살지 않는 외딴 곳을 지나갈 때면 무척 위험했다. 나라의 일로 여행하는 관리나 상인들도 불편하기는 마찬가지였다. 이를 해결하기 위해 역, 원 등이 만들어지게 되었다. '역'은 중앙과 지방 사이에 명령이나 문서 또는 물건을 전할 때 말을 제공하던 곳으로, 옛날의 교통·통신수단을 의미하는데, 이를 '우역제도'라고 한다.

우역제도는 중국의 주나라에서 시작되었다. 왕의 명령을 제후들에게 전달하고 사신의 숙박과 통신을 위한 것이었다. 이후 우역은 관청의 문서를 운반하고 출장 가는 관리들에게 말, 수레, 배 등 교통수단을 제공하다가 점차 휴식, 숙박, 식사 등의 편의를 제공하는 것으로 발전했다.

교통수단과 식사 등의 편의를 제공한 역

우리나라는 신라 소지왕 9년에 처음 우역제도가 실시되었다. 《삼국사기》에는 경주 주변으로 추정되는 건문역, 곤문역, 감문역, 간문역, 태문역 등의 역 이름이 나온다. 《삼국유사》에는 굴헐역, 욕돌역, 경도역 등의 이름이 나온다. 또 《삼국사기》에 의하면 고구려에서는 평양에서 국내성에 이르기까지 17개 역이 있었다고 한다.

역이 크게 발달한 것은 고려 시대로, 지방 제도를 정비하면서 개경을 중심으로 전국을 연결하는 역을 두었다. 그래서 고려에는 총 525개의 역이 있었고, 이 역을 따라서 22개의 역로가 구성되었다. 고려 시대의 역은 나랏일로 여행하는 관리를 위한 시설이었으므로 일반인은 이용할 수 없었다. 특히 고급 관리들이 주로 이용했기 때문에 하급 관리도 이용에 제한을 받았다.

조선은 고려 시대의 역을 이어받아 535개의 역과 40개의 역로가 구성되었다. 역에는 5,380필의 말이 배치되었고, 관리와 역졸이 있어서 여행하는 관리에게 편의를 제공했다. 암행어사가 가지고 다니던 마패는 역의 시설과 사람을 사용할 수 있도록 허가한 표식이었다.

조선 전기에는 역과 비슷한 용도로 사용되던 객관(사)이 있었다. 역보다 규모가 크고 시설도 훌륭한 객관에는 주로 고위 관료들이 묵었으며, 외국 사신들도 접대했다. 역도 처음에는 고관이 많이 이용했으나 점차 하급 관리가 이용하게 되었다.

고려 시대의 호텔, 원

관료들을 위한 역 외에 일반인이 이용할 수 있는 시설로는 '원'이 있었다. 고려 시대부터 곳곳에 들어선 원은 주로 역로의 고갯길이나 나루 및 사람이 살지 않는 외딴 곳에 설치되었고, 여행자나 상인에게 숙박, 휴식, 식사 등을 제공했다. 원의 등장에 대해서는 정확히 알 수 없지만,

암행어사

조선 시대에 왕명을 받고 비밀리에 지방을 순행하면서 그곳의 행정과 백성의 실정을 조사한 임시 관직이다. 암행어사는 임금이 직접 임명했으며, 그 임무는 비밀에 부쳐졌다. 이 제도는 1892년 전라도 암행어사 이면상을 끝으로 폐지되었다.

마패

관원이 공무로 지방에 나갈 때 역마를 사용할 수 있도록 허가한 표식이다. 지름 10cm 정도의 구리쇠로 만든 둥근 패에 연호·연월일 등을 새기고, 한쪽 면에는 말을 새겼다. 말의 수가 1~10마리까지 새겨진 여러 종류가 있었고, 그 수만큼 말을 사용할 수 있었다.

신라 말에 공식적인 역제가 붕괴되자 사원에서 이를 대신하여 설치한 것으로 보인다.

'사원'이란 원래 절과 원이 같이 있는 사찰을 일컫는 말이었다. 신라 말에서 고려 초에 세워진 사찰 가운데 'ㅇㅇ원'이라고 부르는 사찰이 많은 것도 이러한 이유이다. 이처럼 고려 시대의 원은 주로 절에서 승려들이 많이 운영했는데, 도로에서 절로 들어가는 입구에 설치해 일반인에게 휴식처를 제공하고, 집 없는 병자를 치료하고 가난한 사람을 돕는 일을 했다. 하지만 점차 세월이 흐르면서 상업 활동을 통해 이익 사업에도 나섰다.

고려 시대에는 이렇게 절에서 운영하는 원 외에 국가나 왕실에서 직접 운영하던 것도 있었다. 개경과 그 주변에 있던 원으로 이곳에서는

혜음원 터
고려 중기에 개경과 남경 사이를 왕래하는 행인을 보호하고 편의를 제공하기 위해 세운 국립 숙박 시설이다.

오늘날 호텔처럼 연회 같은 행사도 열었다. 특히 보현원은 의종 때 연회 도중에 무신들의 난이 일어난 것으로 유명하다.

이처럼 원은 위치하는 지역과 연관된 교통로에 따라 각각의 기능과 성격이 차이가 났다. 파주에서 발굴된 혜음원은 고려 시대 왕립 원의 모습을 짐작할 수 있는 유적이다. 이곳에는 행궁(국왕이 여행 시 묵기 위해 만든 시설), 원, 절, 정자 등 다양한 시설이 있었다. 반면 충주 미륵사지에 딸린 미륵대원은 교통의 요충지에 설치되었던 원의 기능과 모습을 짐작하게 한다.

불교를 억압했던 조선 시대에는 사찰이 원을 운영하는 것을 금지했다. 그래서 사찰이 소유한 원을 모두 국유화하고 참·관도 원으로 개조했다. 이렇게 정부에 의해 국유화된 원은 역의 보조 기관이 되었으며, 원의 운영비를 충당하기 위해 각각 원의 크기에 따라 토지를 지급했다.

그러나 원을 운영하기에는 지급된 토지의 규모가 너무 작았고, 원은 운영비 부족으로 점차 어려움에 처하게 되었다. 따라서 16세기 중반부터 관리를 하지 못하는 원이 생겨났으며, 이러한 상태에서 임진왜란이 일어나 점차 원은 사라지게 되었다.

무신의 난

고려 시대에는 문신을 우대하고 무신을 천대하는 풍조가 있었다. 더구나 '묘청의 난' 이후에는 무신 멸시 풍조가 더욱 심해졌고, 의종은 향락에 빠져 있었다. 그러던 중 의종이 보현원에 행차했을 때 대장군 이소응이 젊은 문신인 한뢰에게 뺨을 맞는 모욕적인 일이 생겼다. 이에 분노한 정중부는 이의방·이고 등과 함께 문신들을 살해하고 의종을 폐하여 거제도로 귀양 보냈다.

대표적인 민간 교통시설, 주막

조선 후기에 원이 점차 사라지면서 주막이 원을 대신하게 되었다. 주막은 민간에서 설립하여 운영했는데, 상업이 크게 발달하고 여행자가 늘어난 17세기경부터 빠르게 퍼졌다. 조선 후기에 원에서는 여행자에게 땔감과 음료만 제공했지만, 주막에서는 숙박 및 음식을 제공했다. 그러자 점차 원보다 주막을 이용하는 사람이 늘었고, 주막은 조선 후기 대표적인 민간 교통 시설이 되었다.

주막은 처음에는 역이나 원이 있던 곳 주변에 세워졌는데, 대개 역로에서 도시로 들어가는 길이 나누어지는 곳, 고갯길의 시작 부분, 나루터 주변 등지였다.

　예로부터 마을은 도로에서 거리가 멀고, 뒤에 산이 있고, 앞에 강이 흐르는 조용한 곳에 주로 위치했었다. 그런데 주막이 등장하면서 사정이 변했다. 주막 주변으로 '주막촌'이라 부르는 마을이 들어서고, 시장도 생겨났다. 18세기 중엽에는 한양에서 장호원 사이에 20~30리 간격으로 시장이 생겨났다고 한다. 대부분 주막촌이 발달한 것이었는데, 이러한 현상은 전국적으로 마찬가지였다.

　주막은 크기가 작고 구조도 단순했다. 대개 잠을 잘 수 있는 한두 개의 방과 술이나 음식을 먹는 술청으로 이루어졌다. 방은 여러 사람이 함께 사용했기 때문에 신분이 높은 사람이나 여자들은 불편했다.

　이런 사람들을 위해서 '보행객주'라는 고급 주막도 있었는데, 방이 여러 개이고 대청, 마구간, 정자, 목욕집 등을 갖추었다. 이곳에 묵는 사람들은 혼자 방을 사용했는데, 비용이 많이 들어서 부자나 고위 관료

들이 이용했다.

　주막촌은 자연 발생적으로 형성되었기 때문에 무질서했고, 건물이 다닥다닥 붙어 있어서 화재가 나면 전체가 탈 위험이 컸다. 그래서 주막촌을 일정한 형태로 정비하기 시작했다.

　우선 중앙에 장터가 있고 이를 중심으로 넓은 도로를 따라 주막이 늘어서게 되었다. 그 바깥으로는 주택이 있었고, 다시 그 바깥에 담을 만들어 주막촌을 보호했다. 그리고 입구에는 문을 설치해 새벽에 열고 밤에 닫았다. 또 중심가에는 도랑을 만들어 물이 흐르게 했는데, 화재 시 불을 끄는 용도로 사용하기 위한 것이었다.

　이러한 주막촌은 대개 도로의 생김새와 비슷한 모양으로 형성되었다. 십자로에는 '十'자 형태 주막촌, 삼거리에는 'Y'자 형태 주막촌, 그리고 '一'자 형태 주막촌도 있었다. 그리고 건물의 규모는 일반 주택보다 크지만, 양반가보다 높이가 낮았다.

쉬는시간 고양충전

고려 시대 왕립 호텔, 혜음원

경기도 고양시에서 파주시로 넘어가는 길에 '혜음령'이라는 고개가 있다. 고려 숙종 이후 혜음령을 지나는 길은 개경에서 남경으로 가는 가장 큰 길이었지만 안전에 심각한 문제가 있었다. 호랑이의 습격은 물론 곳곳에 행인들을 노리는 도적들도 있었던 것이다.

이에 왕은 절을 짓고 원을 만들어 승려들이 치안을 유지하는 것이 좋겠다고 결정했다. 이 일은 아이디어를 제공한 이소천에게 맡겨졌고, 이소천은 묘향산에 있는 승려 혜관을 찾아가 도움을 청했다. 혜관의 도움을 받은 이소천은 1120년 2월에 공사를 착수하여 1122년 2월에 혜음원을 완공했다.

그런데 혜음원 창건 과정은 그리 순탄하지 않았다. 산골에 원을 세우는 일은 돈이 많이 들기 때문에 이소천이나 혜관 스님의 힘만으로는 이루기 어려웠다. 그래서 신도들의 도움을 받게 되었고, 이런 재정적인 문제로 공사 책임자가 자주 바뀌면서 여러 승려들에 의해 혜음원이 창건되었다.

혜음원이 완성되자 왕실에서는 왕의 행차에 대비해 별궁을 지으라고 명했다. 그래서 혜음원은 별궁, 절, 원 등을 모두 갖춘 대규모 시설이 되었는데, 시설이 커지면서 운영에 문제가 생겼다. 비용이 너무 많이 들어가 감당하기 어려웠던 것이다. 그러자 왕실에서 나서서 운영비 일체를 제공했고, 혜음원은 몽골이 침입하기 전까지 왕실과 귀족들의 적극적인 후원으로 번창했다.

혜음원 터는 남한에서는 보기 어려운 고려 시대 중기 이전의 건물이 있던 곳이다. 특히 고려 시대 왕실과 귀족의 생활을 짐작할 수 있는 여러 종류의 유물과 시설물이 출토되어 주목 받고 있는데, 유물과 출토물을 살펴보면 원이 단순히 여행자를 위한 숙박 시설이 아니었다는 것을 알 수 있다.

요즘 호텔에서 여러 가지 행사를 하는 것처럼 원에서도 왕실이나 귀족들의 연회나 잔치가 열렸던 것이다. 따라서 고려 시대 원은 지금의 호텔에 비유한다면 특급 호텔이라고 할 수 있다.

옛날의 통신수단 04

전화 발명 이전에 가장 흔한 통신 방법은 사람이 직접 가서 편지나 말로 소식을 전하는 것이었다.
하지만 이러한 방법은 시간이 많이 걸렸다. 특히 외적이 침입했을 때는 보다 빠른 시간 안에 소식을 전해야 했다.
이처럼 긴급한 상황에서 소식을 빨리 전하기 위한 수단으로 대표적인 것이 봉수와 파발이다.

《삼국유사》
고려 충렬왕 때 일연이 지은 책으로 신라·고구려·백제에 관한 역사서이다. 특히 고조선에 대해 쓰여 있어 우리나라의 건국 과정을 알 수 있다.

통신이란 의사나 정보를 전달하는 것을 말한다. 전화의 발명 이후 통신 방법이 빠르게 발달하여 지금은 불편함이 없지만 전화가 없었던 시절에는 통신이 아주 어려운 일이었다. 그래서 가장 흔한 방법은 사람이 직접 가서 편지나 말로 소식을 전하는 것이었다. 하지만 이러한 방법은 시간이 너무 많이 걸렸기 때문에 사람이 직접 가는 방법이 아닌 다른 다양한 통신 제도가 발달하게 되었다.

그중에서 봉수, 우역, 파발은 중요한 문서를 보내거나 외적의 침입을 알리기 위한 목적에서 만들어졌다. 그 때문에 나라에서만 이를 활용할 수 있었고, 일반 백성들은 활용할 수 없었다. 하지만 백성들에게도 통신은 필요했다. 특히 상인들은 장사를 하기 위해서 연락 수단이 꼭 필요했다.

불과 연기로 소식을 알리던 봉수

통신 수단이 없었던 옛날에는 어떻게 먼 곳으로 소식을 전했을까? 높은 산꼭대기에서 연기나 불을 피우면 멀리 떨어진 곳에서도 그 신호를 알 수 있지 않을까?

이렇게 밤에는 불을 피우고 낮에는 연기를 피워 급한 소식을 알리던 통신 제도가 바로 '봉수제'이다. 봉수제는 우역제와 더불어 가장 중요하고 보편적인 통신 방법으로 정치·군사적 목적으로 설치했기 때문에 나라에서 엄격하게 관리했다.

봉수를 이용한 연락 방법이 언제부터 시작되었는지는 분명하지 않지만 아마도 고대부터 있었던 것으로 보인다. 《삼국유사》에는 가락국 시조인 수로왕이 봉화를 사용했던 기록이 있다. 수로왕이 신하를 시켜 왕비를 맞이하러 나가게 했는데, 왕비가 탄 배가 오자 신하들이 횃불을 올려 왕궁으로 신호를 보냈다는 내용이다.

고려 시대에는 봉수가 군사적 목적에서 크게 발달했다. 12세기 송나라 사람으로 고려에 사신으로 온 서긍이라는 사람이 쓴 책인 《고려도경》에는 흑산도에서 개경까지 봉수가 실시되었다는 기록이 있다. 또 1149년 서북면(평안도 지방) 병마사 조진약이 임금에게 올린 상소문에는 봉수에 불을 올리는 방법과 봉수대에 책임자를 배치했다는 내용이 있다. 이러한 기록으로 보아 고려에는 이미 12세기 전에 봉수제가 정비되었음을 알 수 있다.

고려의 봉수제는 몽골의 침입 이후 점차 무너졌는데, 몽골이 고려가 저항하는 것을 막기 위해 봉수와 우역을 파괴하고 다시 세우지 못하게 했기 때문이다. 그 대신 몽골식 통신 시설을 고려에 세우고 관리를 파견했다. 이후 고려의 통신과 정보 유통은 철저하게 원나라의 통제를 받게 되었다.

하지만 14세기 말 원의 세력이 약화되자 고려의 봉수제가 부활했다. 특히 이 시기에는 왜구가 서해안과 남해안 일대를 자주 약탈했다. 이에 고려는 서해안과 남해안 해안 지대에 봉수대를 세우고 봉수 제도를 정비했다.

금관가야

전기 가야 연맹을 대표하는 금관가야는 수로왕이 경상남도 김해 지방에 세운 나라로, 491년간 존속(42~532)하다가 신라에 병합되었다. 《삼국유사》의 '가락국기'에는 가락국의 시조인 수로왕의 탄생 설화가 소개되어 있다.

원나라

몽골족이 금과 남송을 멸망시키고 이민족으로서는 처음으로 중국 전역을 지배한 정복 왕조(1271~1368)이다.

임진왜란

1592~1598년까지 두 차례에 걸쳐서 조선에 침입한 일본과의 싸움을 말한다. 1차 침입이 임진년에 일어났으므로 임진왜란이라 부르며, 2차 침입은 정유년에 일어나 정유재란이라고 한다.

병자호란

1636년 12월부터 이듬해 1월까지 청나라가 조선에 2차로 침입해 일어난 싸움이다. 청으로 나라 이름을 바꾼 후금이 조선에 임금과 신하의 관계를 요구했는데, 조선이 반발하자 전쟁을 일으켰다. 청나라 태종이 직접 군대를 이끌고 와서 서울을 점령했고, 인조와 신하들은 남한산성에서 45일 동안 대항하다가 결국 항복하고 말았다.

조선 시대 초기에는 고려 시대의 봉수제가 계승되었으며, 세종 때에 이르러서 봉수제가 정비되어 크게 발전했다. 그리고 1419년에 봉수에 불을 올리는 방법, 봉수에 근무하는 군인들의 근무 부실에 대한 처벌 규정 등이 정해졌다. 또 1422년에는 각 도의 봉수에 연대를 높이 쌓고 그 위에 병기를 비치하도록 했다. 이후 조정에서 봉수제에 대한 꾸준한 논의와 정비가 이루어져 1447년경 제도적으로 완성되었다.

그러나 실제로 조선 시대에는 봉수가 순조롭게 운영되지 않았고, 원래 기능이 충분히 발휘되지도 못했다. 봉수대는 대개 높은 지역이나 해안가 등 마을과 멀리 떨어진 지역에 위치했다. 따라서 이곳에서 일하는 군인들은 세상과 떨어져 지내야 했기 때문에 매우 힘들었다.

일정한 시기가 지나면 근무자를 교대시켜야 했지만 가고자 하는 사람이 없어서 한번 배치된 사람은 좀처럼 빠져나오기가 어려웠다. 그래서 봉수대에 배치된 사람이 도망을 가는 경우도 있었다.

이러한 문제가 해결되지 않자 시간이 흐를수록 봉수의 기능이 약화되었다. 그 결과 임진왜란 때는 봉수가 전혀 기능을 하지 못했고, 그 때문에 파발제가 등장하기도 했다.

임진왜란과 병자호란을 거친 후 봉수제는 점차 복구되었다. 특히 숙종 이후에는 무너진 봉수대를 다시 쌓고, 봉수도 더 설치했으며 봉수대에 근무하는 군인의 보수를 높여 주는 정책을 펴기도 했다.

이후 봉수제는 파발 및 우역제도와 함께 운영되다가 1894년 현대적 전화 통신 체계가 들어오면서 폐지되었다.

봉수의 위치와 운영

봉수는 설치되어 있는 지역에 따라 경봉수, 내지봉수, 연변봉수 등으로 구분된다. 중앙 봉수인 경봉수는 서울 목멱산(남산)에 있었는데, '목멱산봉수' 또는 '남산봉수'라고도 했다. 그리고 연변봉수는 해안 지대에, 내지봉수는 내륙 지역에 있었던 봉수이다.

연변봉수에는 봉수 둘레에 성처럼 흙과 돌을 쌓아 연대를 만들어 그 위에 각종 병기를 설치하고, 생활필수품도 저장했다.

이에 비해 내지봉수는 연대는 쌓지 않고 연조(아궁이)만 설치한 것이 많았다. 1475년부터는 모든 봉수의 연조 위에 연통을 만들도록 했는데, 봉수에서 피어오르는 연기가 바람에 의해 흩어지는 것을 막기 위해서였다.

또 봉수대는 멀리서도 잘 보이도록 주변 지역에 비해 높은 곳에 설치했다. 연변봉수는 대체로 해발 300m 아래에 있었고, 내지봉수는 해발 400m가 넘는 곳에 많았는데, 주변 지역에 산지가 많을수록 봉수대의 높이가 높아졌다.

하지만 봉수에도 사람이 살아야 하는데, 높은 지역이다 보니 물도 구하기 어렵고 먹을 것을 운반하기도 불편했다. 그래서 높으면서도 사람이 살기에 덜 불편한 장소를 찾아 봉수를 세워야 했다.

산성이 있는 곳은 높지만 사람이 살기에 불편함이 없는 곳이다. 더구

남산 봉수대
조선 건국 초기부터 1894년까지 500여 년 동안 사용했던 중앙 봉수대로 전국의 모든 봉수가 최종적으로 남산 봉수대로 전달되도록 했다.

나 산성은 군사 전략상 매우 중요하고, 유사시 관아가 옮겨 오기도 하는 곳이기 때문에 봉수대가 들어서기에 더할 나위 없이 유리한 지역이었다.

이러한 봉수는 불이나 연기로 신호를 하는 것이기 때문에 자세한 내용을 전할 수 없었다. 단지 미리 약속된 간단한 내용을 전달하는 통신 방식으로 주로 외적이 침입했다는 사실을 알리기 위한 용도로 사용되었다.

하루에 한 번씩 정한 시각에 횃불을 하나 올리는 것은 아무 일도 없다는 신호였다. 정해지지 않은 시각에 여러 개의 횃불이 한꺼번에 오르는 것은 전쟁이 일어났다는 신호였다. 외적이 나타나면 둘을 올리고, 국경에 접근하면 셋을, 외적이 국경을 넘으면 넷을, 아군과 전투가 벌어지면 횃불을 다섯 개 올렸다.

해동팔도봉화산악지도
17세기 후반 목멱산(지금의 남산)을 중심으로 조선 전역에 산재한 봉수대를 상세하게 기록했다. 2007년에 보물 제1533호로 지정되었다.

    봉수가 연결되는 통로를 '봉수로'라고 한다. 조선 시대에는 함경도, 경상도, 전라도, 평안도 강계, 평안도 의주 등 모두 5개 지역에서 서울에 이르는 5개의 봉수로가 가장 중요했는데, 이를 '직봉'이라 했다. 그 사이에 '간봉'이라고 해서 직봉에서 갈라진 보조 봉수로가 있었다.

    이러한 봉수로는 모두 서울 남산으로 모이게 되어 있었는데, 남산에는 각각의 방향에서 올라온 봉수를 받는 다섯 개의 봉수 자리가 있어서 어느 방향에서 적군이 쳐들어왔는지 알 수 있게 했다. 봉수는 아무리 먼 곳에서부터 시작했더라도 하루면 서울에 도착했다.

    그래서 봉수에 근무하는 사람이 항상 제 위치에만 있다면 봉수는 상당히 빠른 통신 방법이다. 하지만 문제는 근무자가 봉수대를 항상 지키고 서 있지 않았다는 것이다.

직접 문서를 전달하는 우역

'적이 쳐들어온다'가 아닌 '어느 적이, 어디로, 몇 명이 쳐들어왔으며, 어느 편이 이기고 있는지'를 알리려면 어떻게 해야 할까?

봉수는 간단한 메시지를 빠르게 전달할 수는 있지만 자세한 내용을 전할 수는 없었다. 자세한 내용을 전하자면 글로 쓴 것을 직접 전하는 것이 가장 정확하다. 이러한 목적으로 생긴 것이 '우역'이다.

'우'는 역에서 역으로 문서를 전달하는 방식이다. 이러한 통신수단인 '우'와 교통수단인 '역'을 합쳐서 '우역제도'라고 한다.

우역은 주로 말을 이용해서 이루어졌는데, 말은 편리한 교통수단이었지만 기르기가 어려워 매우 귀한 동물이었다. 역의 기능은 대부분 이러한 말을 기르고 돌보는 것이었다. 역에서는 나랏일로 여행하는 관리나 문서를 전달하는 사람에게만 말을 제공했다.

그래서 국가에서 미리 허가를 받지 않은 사람은 말을 탈 수 없었는데, 말을 탈 수 있도록 국가에서 허가한 증거가 바로 마패이다. 마패는 암행어사의 상징처럼 알려져 있지만, 원래는 역의 말을 이용할 수 있도록 허가 받은 표식이다.

마패는 둥근 원반 형태로 위에 고리가 달려서 끈으로 묶을 수 있게 만들어졌다. 한쪽 면에는 연호, 연월일이 새겨져 있고, 다른 한쪽 면에는 사용할 수 있는 말의 수만큼 말 그림이 새겨져 있었다. 역에서 이것을 내밀면 표시된 수만큼 말을 이용할 수 있었다.

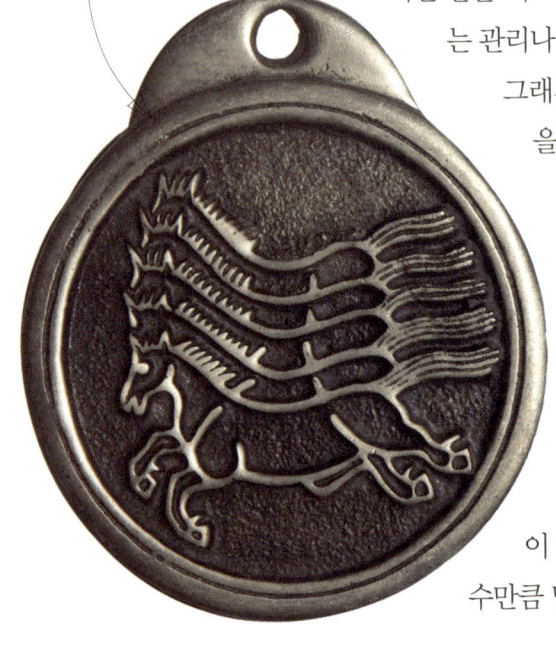

마패
마패에 새겨진 말의 수는 1~10마리까지 여러 종류가 있는데, 이 말의 수만큼 말을 이용할 수 있었다.

말과 사람의 걸음으로 소식을 전하는 파발

'파발'은 조선 시대에 변경과 중앙 사이의 원활한 연락을 위해서 실시되었는데, 주로 변경의 긴급한 군사 정보나 급히 보내는 공문서를 전달하는 임무를 수행했다. 이러한 파발을 실시하게 된 것은 임진왜란을 전후하여 봉수의 기능이 거의 마비되었기 때문이다.

그런데 조선 시대 초기부터 이미 역에는 명령 전달을 위해 걸음이 빠른 노비가 있었고, 조선 후기의 파발제에서는 군인이 이 노비 역할을 대신했다.

파발은 '기발'과 '보발'로 나뉜다. 기발은 말을 이용해 전달하는 것이고, 보발은 걸음이 빠른 사람이 달려가 전달하는 것이다. 기발은 25리마다 참을 두었으며, 각 참마다 발장 1명, 군정 5명, 말 5필을 두었다. 보발은 1583년 처음 실시되었는데, 30리마다 참을 설치했고 각 참에는 발장 1명, 군정 2명을 두었다.

참

고려·조선 시대에 중앙에서 지방으로 공문을 전달하거나 관리들이 여행을 하는 경우 또는 외국 사신들이 오고 갈 때 말을 제공하던 시설이다.

파발은 '직발'이라 부르는 3개의 노선이 있었으며, 그 사이사이를 연결하는 것을 '간발'이라고 했다. 직발 중 한양에서 의주까지는 '서발'이라 했으며, 한양에서 경흥까지는 '북발', 한양에서 동래까지는 '남발'이라고 했다.

이 중 서발만 기발이고, 나머지는 보발이었다. 중국과 연락 통로였던 서발은 기발을 설치하고, 한양에서 의주까지 41참을 두었다. 기발은 주로 변방의 긴급한 군사 정보를 전달하는 역할을 했다.

파발과 봉수를 비교하면 봉수는 경비가 덜 들고, 신속하게 전달할 수 있다는 것이 가장 큰 장점이다. 하지만 연기와 불을 피워 신호로만 전달하기 때문에 자세한 내용을 전할 수가 없다. 반면 파발은 경비가 많이 들고 전달 속도가 봉수보다 느리지만 문서로 전달되기 때문에 보안이 유지되고 자세한 보고를 할 수 있다는 것이 장점이다.

하지만 파발은 점차 기강이 문란해지면서 신속한 전달이 이루어지지 않아 문제가 되기도 했다. 심지어 반드시 기밀이 지켜져야 할 공문서가 찢긴 채 전달되거나 국가 기밀이 누설되는 일도 있었다.

또 파발 감시의 의무를 진 선전관이나 금군 등이 개인적인 목적을 위해서 행패를 부리는 것도 문제였다. 이로 말미암아 파발군이 도망하는 일도 생겨, 점차 파발 운영에 많은 어려움이 생겼다.

쉬는시간 교양충전

마패로 말을 빌린다고요?

마패라고 하면 가장 먼저 떠오르는 것이 암행어사이다. 하지만 사실 마패는 역에 소속된 역마, 역졸 등을 이용할 수 있는 단순한 증명서에 불과하다.

마패는 고려 시대부터 사용되었으며, 조선 시대에 들어와서 역제가 정비되면서 다시 활용되기 시작했다. 조선 초에는 마패를 나무로 만들었는데, 나무로 만든 마패는 자주 부서져서 문제가 되었다. 따라서 1434년 이후 금속으로 만든 마패가 등장했고, 1435년에 새로 만든 마패가 조선 말기까지 그대로 이어졌다.

마패의 앞면에는 1~10마리의 말이 새겨져 있었다. 이것은 마패를 지닌 사람이 사용할 수 있는 말의 숫자이다. 말은 상, 중, 하 3등급으로 나누어 지급했는데, 사용하는 사람의 품계에 따라 말의 수가 정해져 있었다. 《경국대전》에는 대군이나 의정부 정승은 7마리, 종2품은 5마리, 3품 이상 고급 관리는 4마리를 사용할 수 있었던 것으로 기록되어 있다. 암행어사는 보통 3마리가 새겨진 것을 사용했다. 마패의 뒷면에는 날짜와 발급 기관인 상서원에서 발급한 내용이 적혀 있었다.

이러한 마패는 권력을 상징하는 증표였기 때문에 잃어버리면 문책을 받았다. 마패를 파손한 자는 곤장 80대나 2년간 귀양에 처해졌고, 마패를 위조한 사람은 살아남기 어려웠다.

마패는 조선 말기 역제가 폐지될 때까지 사용되었는데, 그 이후에 왕의 신표로 사용되기도 했다. 고종은 마패가 폐지된 지 10년이나 지난 후인 1906년, 귀암사에서 의병 활동을 하고 있던 최익현에게 말 10마리가 새겨진 마패를 몰래 내려 주었다. 고종이 의병 운동을 독려하기 위해 최익현에게 신표로 보낸 것이었다.

조미료이자 생활필수품인 소금 05

소금은 인간의 생활에 없어서는 안 되는 생활필수품일 뿐 아니라 생리적으로도 필요하기 때문에 반드시 섭취해야 한다. 구석기 시대에는 사냥한 고기에 포함된 소금을 먹었지만, 신석기 시대 이후 곡물과 채소를 주로 먹게 되면서부터는 소금의 필요성이 더욱 커지게 되었다.

소금의 쓰임

첫째, 식품에 첨가되어 사람의 생리작용을 돕는다. 소금에는 각종 미네랄이 함유되어 있으며, 식품을 저장하는 기능도 있어서 생선, 간장, 김치 등에 쓰인다.

둘째, 공업용으로도 사용된다. 가성소다, 암모니아, 소다 등을 제조할 때뿐 아니라 비누, 합성고무, 화약 등의 제조에 사용된다.

셋째, 의료품으로 쓰인다. 옛날 의약품이 발달하기 전에는 소금이 응급약으로 사용되었다. 가정에서는 감기 예방과 축농증, 화상, 치통 등에 많이 쓰였다.

음식의 맛을 내는 데 가장 중요한 조미료는 무엇일까? 여러 가지 조미료가 있지만 그중 하나를 꼽으라면 아마도 소금일 것이다. 식탁에 차린 음식 중에 소금이 들어가지 않은 것은 찾아보기 힘들기 때문이다. 이렇게 우리에게 꼭 필요한 소금은 어떻게 만들어지는 것일까?

소금은 어디에서 어떠한 방법으로 얻느냐에 따라서 해염(바닷물에서 얻는 소금), 암염(바위 속에 포함된 소금), 정염(소금 우물에서 얻는 소금), 지염(소금 호수에서 얻는 소금), 토염(흙 속에 포함된 소금) 등으로 나눌 수 있다.

소금은 어떻게 만들어졌을까?

한반도 일대에서는 지질상 해염 외에는 존재하지 않는 것으로 알려져 있다. 우리나라에서는 선사 시대부터 바닷물을 이용해 소금을 생산했다. 현재까지 발견된 신석기 유적지는 대부분 해안 지대를 중심으로 분포되어 있고, 내륙 지방이라고 하더라도 강과 인접해 있어서 소금을 만들기 쉽거나 소금을 공급받기 유리한 곳이다.

청동기 시대 이후 농경 지역이 내륙 지방으로 확장되면서 소금의 유통로도 점점 길어졌고, 그 결과 소금을 구하기 어려운 내륙 산간 지역까지 소금이 공급되었다. 소금이 어떠한 경로를 통해 내륙 산간 지역으로 공급되었는가 하는 것은 교통로의 발달과 깊은 관련이 있다.

고대에는 동해안과 서해안에서 모두 소금이 생산된 것으로 보인다. 중국의 역사책인 《삼국지》〈동이전〉에는 동옥저 주민들이 소금을 지고 천 리를 걸어서 고구려의 서울이었던 국내성까지 운반했다고 한다. 고구려는 동해안에서 생산된 소금을 공급받았던 것이다.

이뿐 아니라 고구려는 서해안에서 생산된 소금도 공급받았다. 고구려의 미천왕은 왕위에 오르기 전에 압록강을 오르내리며 소금 장사를 했는데, 서해에서 생산된 소금이 압록강을 따라 국내성으로 운반되었던 것이다.

신라에서는 동해안 일대에서 소금을 만들었다. 소금을 만드는 일은 노비(염노)들이 담당했다. 소금을 만드는 과정이 무척 힘들었기 때문에 소금을 만드는 데 노비를 동원했던 것이다. 백제도 서해안 지역에서 소금을 생산해 한강, 금강 등 강을 따라 운반했다.

우리나라는 고대부터 소금을 생산했지만 지역에 따라서 소금을 생산하는 방법이 달랐다. 가장 많이 사용한 방법은 바닷물을 도기나 철 솥에 넣고 직접 끓이는 것이었다. 그 밖에 풀(조염초)을 해변에 쌓고 그 위에 바닷물을 부어 햇볕에 말리기를 반복하다가 풀을 태워서 소금을 얻는 방법도 있었다. 바닷물을 끓이는 방법이 풀을 태워 바닷물을 증발시키는 방법에 비해 소금을 더 많이 생산할 수 있었지만 많은 양의 목재와 노동력이 필요했다.

또 바닷물을 바로 끓이는 것도 아니었다. 먼저 바닷물을 농축한 후에 농축된 바닷물을 끓여서 소금을 얻었다. 바닷물을 농축하기 위해서는 갯벌에 웅덩이를 파고 통자락을 설치한 다음 그곳에 염도가 높은 바닷물을 모아야 한다. 이러한 과정은 조수간만의 차가 크고 갯벌이 발달한 서해안이 유리하다.

동해안은 모래 해안이나 암석 해안이고 조수간만의 차도 적어 바닷물을 가두어 농축하기 어려웠다. 그래서 동해안에서는 조염초를 활용하거나 직접 바닷물을 끓여서 소금을 얻을 수밖에 없었다.

햇볕을 이용하여 소금을 생산하는 방식

삼국지

중국 삼국 시대의 역사를 기록한 역사서로, 진수가 수집·편찬 했다. 〈동이전〉에는 부여·고구려·동옥저·읍루·예·마한·진한·변한 등을 다룬 내용이 있어서 동방의 고대사를 연구하는 데 유일한 사료가 된다.

소금을 얻기 위한 전통 방식으로 바닷물을 끓이기 전에 염도가 높은 바닷물을 모으고 있다.

염전
소금을 얻을 목적으로 태양열이나 풍력 등의 천연에너지를 이용해 바닷물을 증발시키는 시설을 말한다.

은 점차 발전해서 조선 시대에는 염전에서 대량으로 소금을 만들었다.

바다와 육지의 소금길

소금은 신석기 시대부터 유통되었는데, 이때는 주로 수로를 이용했다. 소금과 같이 무겁고 변질되지 않으며 시간을 다투지 않는 물건은 수로로 운송하는 것이 육로 운송에 비해 유리했다. 그리고 선사 시대에는 도로가 정비되지 않아 육로로 여행하는 것이 매우 위험했기 때문이다.

삼국 시대 이후에는 도로가 발달하면서 소금도 육로를 통해 유통되었다. 우차와 마차의 사용이 늘어나면서 소금도 우차와 마차 같은 운반수단을 통해서 유통되었던 것으로 보인다. 하지만 수로를 이용하는 것이 더 싸고, 많은 양을 한꺼번에 옮길 수 있었다.

서해안에서 생산된 소금은 강을 따라서 내륙으로 들어왔는데, 그중에서도 소금 공급과 깊은 관련이 있는 강은 남한강과 금강이다. 남한강을 통하면 배가 충주까지 거슬러 올라갈 수 있기 때문에 충주가 내륙 지방 소금 공급의 중심지가 되었다.

지금도 충주 지방에는 염해평, 염해천 등 소금과 관련된 지명이 남아 있다. 이곳은 남한강을 거슬러 운반된 소금을 배에서 내리는 곳이었다. 배에서 내린 소금은 사람이 지고 육로를 따라 내륙 산간 지역으로 운반했다.

이렇게 충주에서 죽령과 조령을 넘어 영남 지방까지 소금이 공급되었고, 강원도 영서 지방에도 남한강 소금이 공급되었다. 금강을 통하면 충청북도 부강까지 배가 거슬러 올라갈 수 있었는데, 부강을 중심으로 충청북도 내륙 지역은 물론 추풍령을 통해 경상도 일대까지 소금이 공급되었다.

소금 유통의 주인공

중국에서는 진나라 때 소금과 철을 국가에서 독점했다. 이윤도 커서 국가가 독점한 후부터는 이전에 비해 20배의 이윤을 남겼다고 한다. 한나라 때는 이러한 독점이 잠시 풀렸다가 이후 다시 국가가 독점했다.

우리나라는 중국과 사정이 조금 달랐다. 고구려에서는 미천왕이 왕위에 오르기 전에 소금 장사를 했던 것으로 보아 일부이지만 민간에서도 소금을 생산하고 유통했던 것으로 보인다.

그러나 《삼국지》〈동이전〉에 보면 나라가 바닷가 주민들에게서 소금을 강제로 거둬들였음을 알 수 있다.

같은 시기 신라에서는 석우노라는 사람이 왜왕에게 염노(소금을 만드

《고려사》

조선 초기 김종서·정인지 등이 세종의 교지를 받아 만든 고려 시대의 역사책이다. 고려 시대의 역사·문화 등의 내용을 담고 있어 고려 시대 역사 연구의 기본 자료가 된다.

는 노비)로 만들겠다고 협박했던 기록이 있다. 이것으로 미루어 소금을 생산하는 노비들은 국가나 귀족에 소속되어 있었음을 짐작할 수 있다. 즉, 소금 생산 시설과 유통을 나라와 귀족이 장악하고 있었던 것이다.

국가적인 차원에서 소금을 관리했다는 증거가 더 있다. 9세기 초, 경주의 서형산성에 소금 창고가 있었다. 이곳은 전쟁 등 유사시를 대비해 소금을 비축해 두었던 곳이다. 당시에는 소금이 중요한 물건이었기 때문에 군인이 주둔하고 있는 산성에 보관했다.

이것으로 미루어 산성이 국가의 소금 저장소 역할을 했으며, 소금을 주변 지역에 분배하는 중심지 역할을 했었음을 추측할 수 있다.

고려 시대에도 왕실이 소금의 생산과 유통을 장악했다. 《고려사》에

> 소금을 지키는 일도 우리 군인의 중요한 임무라고.

의하면 태조 왕건은 벽진군 출신 이총언이 스스로 항복해 오자 충·원·광·죽·제주 등의 창고에 보관 중이던 곡식 2,200석과 소금 1,785석을 하사했다고 한다. 이 기록으로 보아 고려 왕실이 충주, 원주, 광주, 죽주, 제주(현 제천) 등지에 곡식과 소금을 보관하는 창고를 가지고 있었음을 알 수 있다.

광주, 충주, 제천, 원주 등은 모두 남한강변 지역으로 나루터가 있던 곳이다. 서해안에서 생산된 소금을 남한강 수로를 통해 운반한 후 다시 내륙 지역으로 옮기기 위해 소금을 배에서 내리는 장소였다. 고려 시대에도 국가가 소금의 생산과 유통을 통제했음을 짐작할 수 있다.

고려 후기에는 사원과 귀족들이 소금의 생산과 유통에 뛰어들었다. 충선왕 때 기록에 의하면 사원과 귀족이 소금밭을 장악해서 국가의 세금 수입이 줄었다고 한다. 이들은 서해안 일대의 바닷가에서 염전을 일구어 소금을 생산한 후 직접 유통시키면서 이득을 얻었다. 그 결과 국가의 수입이 줄어들었고, 그 때문에 소금과 관련된 법을 개정하자는 의견이 나오게 되었다.

쉬는시간 고양충전

왕이 된 소금장수

　고구려의 제15대 왕인 미천왕은 이름이 '을불'이었다. 그의 아버지는 서천왕의 아들로 봉상왕과는 형제였다. 봉상왕은 동생이 왕위를 빼앗지 않을까 의심하여 죽였고, 이를 지켜본 을불은 간신히 도망쳐 살아남게 되었다. 갈 곳이 없던 을불은 음모라는 사람의 집에서 종살이를 하면서 숨어 살았다.

　음모는 낮에 을불이 잠시도 쉴 틈을 주지 않고 일을 시켰고, 밤에도 집 주변에서 개구리가 심하게 울어 대면 잠을 재우지 않고 밤새도록 돌을 던지게 했다. 을불은 더 이상 견디지 못하고 음모의 집을 뛰쳐나와 염모라는 사람과 함께 배를 타고 압록강을 오르내리며 소금을 팔았다.

　고구려에서는 소금이 매우 귀한 물품이어서, 소금을 팔면 이익이 많이 남았다. 그렇다고 누구나 장사를 할 수 있는 것은 아니었다. 아마도 염모는 원래부터 소금 장사를 했고, 어려운 처지에 놓인 을불의 신분을 알고 도와주었던 것으로 보인다.

　압록강 하구에 '서안평'이라는 지역이 있었는데, 이곳은 고구려가 1세기경부터 차지하려고 애쓰던 곳이다. 을불은 이곳에서 소금을 구해 팔았다. 이것으로 보아 당시 고구려는 서해안에서 소금을 공급받았고, 압록강이 소금의 운반로였던 것이다.

　을불이 소금 장사를 하는 동안 창조리라는 사람이 봉상왕을 내쫓았다. 그리고 을불이 왕위에 오르게 되었다. 왕이 된 을불은 제일 먼저 서안평을 공격하여 차지했고, 이어서 낙랑과 대방도 공격하여 멸망시켰다. 이로써 고구려는 압록강을 중심으로 한 해상교역권을 차지하게 되었다. 소금 장사를 하는 과정에서 얻은 여러 가지 지식과 정보가 왕이 되어 이 지역을 차지하는 데 도움을 주었던 것이다.

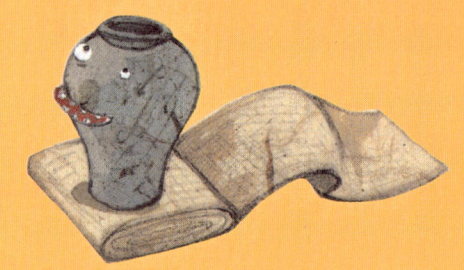

고려 시대의 상업 06

고려를 세우는 데 상인들이 결정적인 공헌을 했기 때문에 고려의 왕실과 귀족들은 상업에 대해 호의적인 태도를 보였다. 요즘도 서해안 바다 속에서 가끔 발견되는 중국 송나라와 원나라 시대의 무역선은 고려의 상업이 얼마나 발달했는지를 잘 보여 준다.

공물
중앙 정부와 궁중에 필요한 것들을 충당하기 위해 지방에 부과해 상납하게 한 물품을 말한다.

고려를 세운 태조 왕건은 919년 수도를 철원에서 개경으로 옮겼다. 개경에는 왕궁과 관청을 비롯하여 수도로서 갖춰야 할 여러 시설들이 건설되어 있었다. 이때 시전도 만들어졌는데, 시전이 왕실과 개경 사람들의 생활에 꼭 필요한 시설이었기 때문이다.

시전이란 원래는 '도시에 있는 가게'라는 뜻으로 나라에 필요한 물품을 공급하고, 개경 사람들에게 생활필수품을 팔기 위해서 설치되었다.

다양한 역할을 맡은 시전

시전에는 이 밖에도 다양한 기능이 있었다. 관청에서 농민에게 받아서 쓰고 남은 조세와 공물을 처분하는 역할도 했다. 그리고 지방 각 고을이 중앙 정부에 바치는 공물을 시전 상인들이 대신 바치고, 그 값을 해당 고을에서 받는 공물 대납 업무도 했다. 또한 개경에 들어온 외국 상인을 상대로 장사를 하기도 했다.

이러한 시전 상인들은 정부와 밀접하게 관련되어 있어서 정부의 보호를 받았다. 시전은 점점 발달하여 그 수가 늘어났는데, 1208년 기록에 의하면 개경 광화문에서 십자로에 이르는 길 좌우변에 1,008개의 기둥이 늘어서 있는 시전 건물을 지었다고 한다. 아마도 도시 번화가 길 양쪽을 따라서 길게 집을 짓고 각각 일정한 너비로 칸을 나누었던 것으로 보인다.

시전 상인들은 각각 몇 개의 칸을 가게로 사용했다. 시전 건물은 나라에서 지었으며, 상인들은 나라에서 상점을 빌리고 일정한 세를 냈다. 상점에는 간판도 걸려 있었다. 송나라 서긍의 《고려도경》이라는 책에는 시전 상점과 간판들이 민가를 모두 가렸다고 기록되어 있다. 또한 광덕·흥선·통상·효의·행손 등 불교와 관련된 용어가 간판에 써 있었다고 한다.

개경에는 시전 외에도 여러 곳에 시장이 발달했다. 외국 사신이 오면

대시(큰 시장)를 열어 많은 비단과 금·은 세공품 등을 진열했는데, 이 상품들은 모두 왕실 것이었다. 외국 상인들은 일반 시장에도 출입했으며 이로 인해 개경의 상업 활동이 더 활발해졌다.

고려는 송나라와 큰 교역을 하고 있었는데 몽골이 송나라를 멸망시키자 고려의 상업은 크게 후퇴했다. 이후 몽골이 세운 원나라가 세계를 정복하고 동서양을 연결하는 교통로와 무역망을 건설하면서 고려도 그 영향을 받게 되었다. 하지만 원과 연결된 일부 권력자나 역관들이 교역을 독점하고 부를 축적하면서 국내의 상업 활동은 약화되었다.

고려가 멸망한 후 개경 상인들은 정부 조달상으로서의 위치를 잃게 되었다. 조선은 이들을 고려의 잔재로 여겨 탄압하기까지 했으며, 수도를 한양으로 옮긴 후 개성의 시전을 폐쇄했다. 상업 기반을 잃고 위기에 처한 개성 상인들은 지방 행상으로 나섰는데 이들을 통해 개성의 상업은 다시 부활했고, 조선 시대에도 개성 상인은 세력을 유지할 수 있었다.

송나라
중국의 통일 왕조(960~1279)로, 변경을 도읍으로 정한 북송(960~1127)과 임안을 도읍으로 정한 남송(1127~1279)을 가리킨다.

〈정읍사〉
통일 신라 경덕왕 이후의 노래로, 작자를 알 수 없다. 현존하는 유일한 백제 가요이며, 한글로 기록되어 전하는 가요 중 가장 오래되었다. 정읍현에 사는 행상의 아내가 남편이 돌아오지 않자 높은 산에 올라 남편이 혹시 밤길에 해를 입지 않을까 염려하는 마음이 담긴 노래이다.

도시에 비해 미약했던 지방 상업

고려 시대의 지방 장시가 어떤 모습이었는지 자세한 내용을 담은 기록은 드물다. 《고려도경》에는 농촌에 상설 상점이 없었다고 기록되어 있지만, 일정한 날에 지니고 있던 물건을 장터에서 서로 교환했다는 기록이 있어서 장시가 있었음을 짐작할 수 있다.

이러한 장시는 고대부터 존재했다. 물건을 가지고 장시를 떠돌며 장사하는 사람을 '행상'이라고 했는데, 백제 때의 〈정읍사〉라는 노래에는 행상을 나간 남편을 기다리는 아내의 마음이 담겨 있다. 신라 시대에도 정기적인 장시가 있었는데, 농촌의 아낙네들이 버드나무 광주리에 물건을 담아 와 팔았다고 한다. 당시 농촌에서는 대부분 자급자족을 했는데, 일부 남은 물건을 장시에서 판매한 것으로 보인다.

고려는 지방 세력이 중심이 되어 세운 나라로 신라 시대보다 지방의 사회와 경제가 더 활발했고, 그 영향으로 장시가 자주 열리고 행상도 늘어났다. 고려 시대의 행상은 대부분 등짐을 지고 다녔으며, 장사하는 규모도 작았지만, 이들 중에는 소나 말을 이용해 상품을 운반하는 상인들도 있었다. 이들은 거래하는 상품도 많고 상당한 재산을 모은 상인들이었다.

이처럼 당시 지방 장시를 무대로 활발한 활동을 펼친 상인들은 대부분 지방을 근거지로 활동하는 행상이었다. 하지만 개성에 근거를 두고 있는 상인들도 전국적인 행상 활동에 나섰다. 이들은 행상 조직을 만들어 활동했는데, 개성 상인들의 행상 조직은 조선 시대까지 유지되어 세력을 떨쳤다.

고려 후기에는 지방에서 관원, 지주, 사원 등에 의한 강제 매매가 기승을 부렸다. 이를 '억매'라고 불렀는데, 농민들이 가진 물건 값을 정당하게 쳐 주지 않고 싼값에 강제로 사들이는 것이었다. 농장을 소유한 지주들은 옷감, 인삼, 벌꿀 등 귀한 물건을 백성들로부터 강제로 사들였다. 더구나 이런 거래에 질이 나쁜 은병(화폐)을 사용해 이중으로 이익을 얻었다.

관원도 억매의 주범이었다. 새로 부임해 온 지방관이 비싼 은과 패물을 농민들에게 강제로 팔거나 베나 비단을 나누어 주고 그 값으로 곡식을 강제로 거둬들였다.

사원도 예외는 아니었다. 사원이 소유한 농장에서 질이 나쁜 종이와 베를 빈민들에게 강제로 판매했다. 또 절을 돌본다는 명목으로 권세가와 손을 잡고 백성들에게 곡물을 빌려 준 후 이보다 훨씬 많은 곡물을 돌려받았다.

고려 시대에는 이처럼 농민이 너무 가난했기 때문에 지방 상업이 발달하기 어려웠다. 물론 이전에 비하면 발달했지만 도시의 상업이 크게 발전했던 것에 비하면 보잘것없었다.

고려 시대 사원

고려 시대에는 전국에 수많은 사원이 건립되었으며, 왕실·귀족층과 밀접한 관계를 유지하며 정치적 영향력을 발휘했다. 사원은 토지에서 곡물을 거둬들였고, 직물류·기와·면화 등을 생산하여 판매했다. 심지어 양조업에도 손을 대고, 고리대금업에도 뛰어들어 비판을 받았다. 하지만 사원은 불경 간행 및 불교 예술의 발달 등에도 커다란 영향을 끼쳤다.

상업적 기능을 가진 사원

고려 시대에는 사원도 적극적으로 상업 활동을 했다. 사원은 단순히 기도를 드리고 수도를 하는 장소가 아니었다. 신라 시대부터 사원에는 왕실이나 귀족들이 기부한 많은 토지와 노비가 있었다. 고려 시대에도 역시 왕실을 비롯하여 귀족 가문에서 다투어 사원에 토지를 기부했다. 그래서 사원에서는 대부분의 물품을 자급자족할 수 있었다. 또 사원에는 솜씨 좋은 장인도 있어서 질이 좋은 물건을 만들어 냈는데, 쓰고 남은 물건은 서로 교환하기도 했다.

사실 인도에서 생겨난 불교는 상업 활동에 대해 호의적이었다. 상인들의 영리 추구를 금지하지 않았으며, 오히려 적극적으로 권장하기까지 했다. 인도 불교의 상업관이 중국을 거쳐 한국 불교에도 영향을 미쳤던 것이다. 그러나 원칙대로 하자면 사원은 이익을 얻기 위해 상업 활동을 하는 것이 아니라 필요한 물품을 얻기 위해서만 상업 활동을 해야 했다.

우리나라의 사원은 신라 말 혼란기부터 지방 호족과 함께 중앙 권력이 독점했던 상업망을 차지해 나가고 있었다. 당시 대부분의 큰 사원은 교통의 요지에 자리하고 있었기 때문에 숙박 시설인 '원'을 운영하는 경우가 많았는데, 사원들은 지리적 이점과 원을 이용해 적극적으로 상업 활동에 나섰다.

원래 원은 절에서 떠돌아다니는 병자나 어려운 백성을 구제할 목적으로 설립되었다. 하지만 점차 여행자들이나 상인들이 활용하면서 자연히 물물교환이나 정보를 교환하는 장소로 바뀌었다. 사원에서 생산된 물건 중 쓰고 남은 것도 이곳을 통해서 외부로 팔려 나갔던 것으로 보인다.

사원의 경제력이 점차 커지면서 상업적 기능도 덩달아서 커지게 되었다. 쓰고 남은 물건을 파는 것에서 직접 상품을 생산하고 이를 팔기 위해 나서기도 했다. 사원이 소유한 많은 노비들은 처음에 사원에서 사용하는 물건을 생산했지만, 사원의 수공업이 점차 발달되면서 상품을 생산하게 되었다. 생산되는 상품의 종류도 굉장히 다양했는데 술, 소금, 포, 파, 마늘, 기름, 꿀 등 사원과 어울리지 않는 것도 있었다.

사원에서 술을 만들어 팔았던 데는 나름대로 이유가 있었다. 당시 사원에는 태조가 후삼국을 통일하는 과정에서 자신을 후원했던 승려들에게 기부한 많은 토지와 신라 시대부터 사원에 전해 오는 토지 등 막대한 토지가 있었기 때문에 이곳에서 생산된 곡식을 모두 소비할 수 없었다.

그런데 성종~숙종 때 화폐가 주조되어 통용되면서 사원에서는 저장된 곡식을 보관하기 편리한 화폐로 바꾸고자 했다. 그래서 곡식을 직접 팔기도 했지만, 그보다는 곡식으로 술을 만들어 파는 것이 더 손쉬웠다. 또한 큰 사찰들은 교통의 요지에 위치했던 만큼 지리적으로도 양조업을 하기에 적절했다.

고려 후기에는 사원이나 세력가들이 소금의 생산과 유통을 장악했고, 사원에서는 마늘과 같은 작물을 생산해 팔기도 했으며, 심지어 소나 말 등의 목축에도 나섰다. 이러한 상품의 생산과 판매는 사원에 소속된 노비들이 맡았다.

사원이 이처럼 다양한 상업 활동을 통해 막대한 자금을 모으자 이제는 고리대금업과 같은 금융 사업에도 나섰다. 이러한 사원의 지나친 상업 활동은 사회 문제가 되어 사원의 상업 활동을 금지하거나 규제해야 한다는 여론이 일기도 했다.

활발한 대외 교역

고려와 송나라의 외교 관계가 열리게 된 것은 10세기 중엽 광종 때부터였다. 송나라는 북쪽의 거란을 견제하기 위해 고려와 손을 잡으려고 했고, 고려는 송나라의 선진 문물을 받아들이기 위해 송나라와 교역을 원했다. 이때부터 두 나라 사이에는 사신과 상인의 왕래가 빈번했는데, 고려와 송나라의 상인이 가장 활발하게 왕래했던 때는 의종 때였다. 당시 고려에 온 송나라 상인이 1회에 무려 330명이나 될 정도였다고 하니 그 규모를 짐작할 수 있다.

그러나 금나라가 세력을 떨치면서 두 나라의 관계도 변했다. 고려와 금나라 사이에 우호 관계가 형성되자 점차 송나라 상인들의 발길이 뜸해졌다. 하지만 이후에도 규모만 줄었을 뿐 송나라와의 교역은 계속되었고, 여전히 송나라는 고려의 가장 큰 무역 상대국이었다.

10세기부터 13세기까지 송나라와 교역을 통해 고려는 이름을 세계로 알리게 되었다. 당시 송나라는 동남아시아, 인도와 중동 지역에 이르는 무역로를 개척하고 있었고, 송나라에는 세계 각지의 상인들이 몰려들었다. 이 상인들에 의해 고려가 '코리아'라는 이름으로 세계에 전해졌던 것이다.

고려와 송나라의 무역은 크게 세 종류가 있었다. 첫째는 정부와 정부 사이에 이루어진 공무역이고, 둘째는 정부와 민간 상인들 사이에 이루어지는 무역, 셋째는 민간 상인들끼리 이루어지는 사무역이다.

공무역은 '조공무역'이라고 하는데, 고려에서 조공으로 물건 등을 보내면 송나라에서 답례품을 보내는 형태이다. 고려에

통도사 장생표
통도사 소유의 토지와 일반인 토지를 구별하기 위해 세운 표지 돌이다. 넓은 토지를 소유했던 통도사는 장생표를 12개나 세웠다.

서 송나라로 보내는 물건은 금·은 세공품, 모시, 삼베, 나전, 인삼 등이었다. 반대로 송나라에서 받아 오는 물건은 약재, 서적, 비단, 보석, 상아 등이었다.

약 260년간 송나라 상인은 120회 이상 고려를 방문했고, 방문한 상인의 수는 5,000명에 달했다. 이들은 고려의 국가적 행사인 팔관회에 맞추어 방문했는데, 고려 정부에서 주는 답례품을 받기 위해서였다.

거란

4세기 이래 동몽골에 살던 유목 민족으로, 몽골과 퉁구스의 혼혈이다. 10세기 초 야율아보기가 여러 부족을 통일해 요나라를 세웠다. 만주·화북·몽골·신장 방면에까지 세력이 미쳤고 발해를 멸망시켰으나, 1125년 만주에서 일어난 금나라에게 멸망하고 말았다.

금나라

여진족 완안부의 추장 아쿠타가 지금의 만주·몽골·화북 땅에 북송과 요를 무찌르고 세운 나라(1115~1234)이다. 9대 120년 만에 몽골 제국에게 멸망했다.

쉬는시간 교양충전

인도의 불교와 상업

인도에서 생겨난 불교는 재물을 천하게 여기고 개인의 욕망을 억제하는 종교로 알려져 있다. 하지만 불교가 상업 활동이나 부자가 되는 것을 무조건 금지하지는 않았다. 즉, 출가자인 승려들은 깨달음에 정진하고, 세속인들은 열심히 일해서 이익을 추구하라고 가르쳤다.

더구나 재산을 모으는 것은 사람이 살아가는 소중한 목적 중 하나라고 했다. 특히 상인들이 부지런히 애써서 재물을 모으는 것을 칭찬했다. 다만 사치나 향락에 빠지는 일을 피하고 이러한 일에 재물을 소비하는 것을 금했다. 음주와 오락, 도박도 금지했다.

불교는 수입과 지출이 균형 잡힌 생활을 유지하도록 강조하며, 그 결과 얻어지는 재물을 모으는 것을 정당한 권리로 인정한다. 불교가 이러한 경제관을 가지게 된 것은 불교가 탄생할 무렵 인도의 역사적 배경과 관련이 있다.

석가모니가 활동할 무렵 인도 사회에는 왕국과 도시국가가 있었는데, 석가모니는 왕국 출신이지만 도시국가를 동경했다. 왕국은 농업이 주요한 산업으로 카스트 제도와 브라만교의 지배 아래 있었다. 하지만 도시국가는 농촌을 벗어난 바이샤(평민) 계급이 발전시킨 상업 도시였다. 이들은 각종 상업과 수공업에 투자했고, 숙련된 공인들은 고급 옷감과 공예품을 만들어 냈다. 바이샤나 수드라 계급은 억압받는 왕국처럼 철저한 계급 사회가 아니었던 것이다.

불교는 브라만교를 비판하며 도시국가를 이상적인 모습으로 그렸다. 도시 주민에게는 부를 의례에 소비하지 말고 상업에 투자하도록 권했다. 부유한 상인들은 스스로 불교 교단에 재물을 기부했다. 이 시기 인도에는 열여섯 개의 도시국가가 출현했고, 그중에 '마가다'라는 도시국가가 발전해 마가다 제국이 성립되었다. 마가다 제국의 전성기였던 마우리아 왕조는 불교를 인도 밖으로 전파시켰다. 상업과 교역이 바다와 육로를 통해서 사방으로 뻗어 나가면서 불교도 교역망을 따라서 전파된 것이다.

화폐와 금융 07

화폐는 물건을 사고팔 때 가장 편리한 교환 수단이며, 상업이 발달할수록 화폐의 사용량도 늘었다.
우리나라에서는 고려 시대에 이르러 처음 화폐가 주조되었지만 널리 활용되지 못했고,
조선 후기에 이르러서야 화폐가 교환 수단으로 자리를 잡게 되었다.

화폐가 없던 시절에 사람들은 필요한 물건을 어떻게 구했을까? 교환할 물건을 일일이 들고 다녀야 해서 불편했을 뿐 아니라 상대방이 교환하기 원하는 물건과 내가 필요한 물건이 일치하기가 쉽지 않았다. 이러한 불편을 해소하기 위해 만들어진 것이 바로 화폐이다. 화폐는 물건을 사고파는 데 있어서 가장 편리한 교환 수단이었으며, 상업이 발달할수록 화폐의 사용량도 늘어났다.

국가 주도의 금융업인 진대법

우리나라의 화폐와 금융의 역사를 살펴보면 다음과 같다.

고구려 고국천왕 때 재상 을파소는 왕에게 진대법을 실시하도록 건의했다. 진대법이란 형편이 어려운 평민을 구제하기 위한 금융업의 일

종이다. '진'은 흉년에 굶주린 백성에게 곡식을 나누어 주는 것을 뜻하고, '대'는 봄에 곡식을 빌려 주었다가 가을 추수 후에 이를 돌려 받는 것을 의미한다.

고구려 사회는 귀족, 평민, 천민 등으로 계층이 구분되어 있었다. 이 중 나라에 세금을 내고 부역을 담당하는 사람들은 평민이었다. 천민은 귀족이나 관청에 속해 있어서 세금이나 부역의 의무가 없었다.

왕권이 강해지고 나라의 재정이 넉넉해지려면 세금과 부역의 의무를 지는 평민들의 수가 많아야 하는데, 고구려에서는 평민의 숫자가 자꾸 줄어들고 있었다.

평민의 대부분은 농민이었는데, 보통 작은 규모의 토지를 가지고 있거나 귀족이나 관청의 토지를 빌려 농사를 짓고 있었다. 이들은 수입이 빠듯해서 한 해 농사지어 한 해 먹고 살기도 어려운 형편이었다. 그러다가 가뭄, 홍수 등으로 농사를 망치면 먹을 것이 없어 굶을 수밖에 없었다.

그래서 먹고살기 위해서는 귀족에게 곡식을 빌려야 했다. 지금 은행에서 대출을 받는 것과 비슷한데, 문제는 여기에 매우 높은 이자가 붙는다는 것이다.

평민들은 가을에 추수를 해도 귀족에게 빌렸던 곡식을 이자까지 쳐서 갚고 나면 또 다시 먹을 곡식이 부족했고, 봄이 되면 또 다시 귀족에게 곡식을 빌려야 했다. 이런 일은 해마다 되풀이되었고, 얼마 지나지 않아 빚을 감당하기 어려워지면 곡식을 빌려 준 귀족의 노비가 될 수밖에 없었다.

진대법이 실시될 당시 이러한 현상은 고구려 사회에서 흔한 일이었다. 날이 갈수록 농민은 점점 몰락했고, 귀족들의 재산은 늘어났으며, 나라는 세금이 적게 걷혀서 재정 상태가 나빠졌다.

을파소는 이 같은 현상을 개혁하고자 했지만 강력한 힘을 가진 귀족들의 반대에 부딪혀 귀족들의 고리대금업을 막을 수가 없었다. 그래서

부역

국가나 공공 단체가 특정한 공익 사업을 위하여 보수 없이 국민에게 의무적으로 책임을 지우는 노역을 말한다.

인물노트

대각국사 의천
(1055~1101)

고려 시대의 승려로 교선일치를 역설하며 천태종을 주장했다. 1095년(헌종 1년)에는 화폐 사용을 건의하여 이를 사용하게 했다. 저서로 《신편제종교장총록》, 《석원사림》 등이 있다.

은병

고려 시대 은화인 은병은 숙종 6년(1101년)에 처음 제작되었다. 동전 혹은 철전에 비해 고액 화폐라는 특징을 가지고 있으며, 형태는 우리나라(고려)의 지도 모양으로 병의 입이 넓기 때문에 '활구'라고도 불렀다.

생각해 낸 것이 진대법이다. 진대법이 실시되어 나라에서 약간의 이자만 받고 곡식을 빌려 주자 백성들은 더 이상 귀족들에게 높은 이자를 주고 곡식을 빌리지 않아도 되었다.

고려 시대 화폐 유통과 장려 방법

고려 성종 15년(996년)에는 상업을 활성화하기 위해 철로 '건원중보'라는 화폐를 만들었다. 이후 '동국중보', '동국통보' 등 동전도 만들어 사용했지만 널리 사용되지 못했다.

숙종 때도 화폐 주조가 활발했는데, 당시 화폐 유통 정책은 대각국사 의천, 윤관 등 숙종의 측근 신하들이 적극적으로 추진했다. 이는 왕권을 강화하고 국가 재정을 확보하기 위한 목적이었다.

그리고 1097년에는 화폐 주조 업무를 담당하는 주전관을 두고 '해동원보', '해동통보', '해동중보', '삼한통보', '삼한중보' 등을 만들어 유통시켰다. 또한 은 12.5냥에 구리 2.5냥을 섞어서 '활구'라는 은병도 만들었다.

하지만 이러한 국가의 노력에도 불구하고 화폐는 널리 유통되지 못했다. 농촌에서는 여전히 화폐보다는 물물교환이나 쌀·베 등을 더 선호했는데, 화폐가 너무 많이 발행되어 실제로 사용할 때는 표시된 값을 받지 못하는 경우도 있었기 때문이다. 가치를 짐작할 수 없는 화폐보다는 쉽게 가치를 측정할 수 있는 쌀이나 베 등이 편리했던 것이다.

그러자 국가에서는 화폐의 사용량을 늘릴 수 있는 방법을 궁리하다가 정부에서 운영하는 술집을 활용하는 방안을 떠올렸다.

고려 시대에는 정부에서 직접 설치한 술집이 있었는데, 성종 2년(983년)에 설치한 성례, 낙빈, 연령, 영액, 옥장, 희빈이라는 이름의 6개의 술집이다. 이들 술집은 여행하는 관리나 민간 여행자들을 위한 것이었다.

이후 술집의 수는 점점 늘어나 지방에도 관아에서 설치한 술집이 곳곳에 세워지게 되었다. 숙종은 백성들이 이곳에서 술이나 음식을 먹으면서 화폐 거래의 편리함을 깨닫기를 바랐다.

하지만 이번에도 화폐는 사람들 사이에서 널리 사용되지 못했다. 화폐가 활발히 유통되기 위해서는 많은 물자가 생산되고 거래되어야 했고, 정기적인 시장이나 상설 점포가 많아야 했다. 하지만 당시에는 모든 것이 부족했고, 백성들이 너무 가난했기 때문에 물건이 생산되어도 살 사람이 별로 없었다.

또한 은병 1근이 포 100필의 가치를 가지고 있으니 가난한 백성들은 사용할 수도 없었다. 단지 귀족들이 비싼 물건을 사거나 재산을 모으는 데 사용되었을 뿐이다. 그러다 점차 은이 부족해지면서 구리를 섞어서

만든 불량 은병이 유통되기도 했다.

　은이 부족해지자 원나라의 지폐인 '보초'가 원나라의 간섭을 받으면서 고려에서도 사용되었다. 보초는 궁정에서는 물론이고 일반인도 사용했으며, 원나라와의 교역에도 사용되었다. 그런데 보초를 사용함에 따라 고려의 물자가 원나라로 유출되어 고려의 경제력이 약해지는 문제가 발생했다. 그래서 새로운 화폐 제도가 검토되었으나 은의 부족으로 시행되지 못했다.

　그 때문에 1391년에 저화(지폐)가 발행되었지만 1392년 고려의 멸망과 함께 사라졌다. 1402년에도 저화가 발행되었지만 유통에 실패해 이듬해에 폐지되었다.

개태사
고려의 태조가 후백제를 무너뜨리고 후삼국을 통일한 것을 기리기 위해 지은 사찰이다. 이곳에 있는 지름 3m의 철제 솥은 당시 번성했던 절의 규모를 짐작하게 한다.

고려 후기 사찰의 고리대금업

'보'란 일정한 기금을 만들어 이를 상인이나 농민에게 빌려 주고 이자를 받아 필요한 데 사용했던 일종의 공공 재단이다. 이러한 보에는 학교를 위한 '학보', 빈민 구제 및 질병 치료를 위한 '제위보', 팔관회 경비를 충당하기 위한 '팔관보', 불경 간행을 위한 재단인 '경보' 등이 있다.

특히 사찰에서 운영하는 보는 곡식이나 옷감을 적은 이자를 받고 빌려 주어 백성들의 생활을 안정시키려는 목적이 있었다. 하지만 실제로는 그렇지 않은 경우가 많았다. 고려 명종 18년(1188년)에는 사찰에서 질이 나쁜 옷감을 강제로 백성에게 빌려 주고 이자를 받는 일이 빈번해지자 이것을 금지시켰다. 이보다 앞서 1048년에도 오랫동안 쌓아 놓아 썩어 버린 곡식을 빌려 주고 이자를 받았다는 기록이 있다.

권력을 이용해 못 쓰게 된 곡식을 백성들에게 강제로 떠넘겨 손해를 입힌 것이다. 이 밖에도 높은 이자를 요구하고 이를 갚지 못하면 백성을 노비로 삼는 일도 있었다.

그러자 사찰의 고리대금업은 뜻있는 승려들이나 성리학자들의 공격을 받았다. 또한 정부에서도 이를 통제하려고 했지만 사원의 권력이 너무 막강했다. 이 문제는 조선 시대에 들어와 사원의 재산을 국가가 관리하면서 비로소 사라졌다.

성리학

유학의 한 분야로 인간의 본성과 우주의 원리를 탐구하는 학문이다. 중국 송·명나라 때 학자들에 의하여 성립되었다. 남송의 주희에 의해 성리학의 집대성이 이루어져, 성리학을 '주자학'이라 부르기도 한다. 우리나라에 성리학이 들어온 것은 고려 말기, 충렬왕을 따라 원나라에 갔던 안향이 《주자전서》를 가져와 연구하기 시작한 데서 비롯되었다.

상평통보와 상품 경제

고려 시대에 이어 조선 전기에도 여러 종류의 화폐가 만들어졌다. 정부에서는 이를 유통시키기 위해 애를 썼지만 아직 화폐가 사용될 정도로 경제가 발달하지 않았다.

그런데 17세기 후반 상평통보가 유통되자 전국적으로 사용되기 시작했다. 상평통보가 널리 사용된 것은 조선 후기에 상품의 유통이 활발해지고 상업이 발달했기 때문이다.

상평통보는 1678년에 주조되었는데, 이때 상평통보를 주조해 보급한 이유가 있었다. 먼저 왜란을 전후해서 사회와 경제가 발전되어 쌀이나 포와 같은 물건을 화폐로 사용하거나 은화만 사용하는 것으로는 부족하게 되었다. 상품과 교환 경제가 발전함에 따라 동전이 필요해졌던 것이다. 또한 임진왜란과 병자호란으로 나라의 재정이 바닥나 전쟁의 피해를 복구하려면 돈이 필요했고, 정부는 동전을 발행해 재정을 충당하고자 했다.

상평통보는 구리와 주석을 섞어 만들었는데, 각각 크기가 다른 3종류가 있었다. 원형의 가운데에는 정사각형의 구멍을 뚫고 앞면에는 구멍 주변에 각각 '상평통보(常平通寶)'라는 한자를 한 자씩 새겼다. 뒷면에는 돈을 만든 관청을 표시한 36종의 글자를 새겼다. 구멍 아래 숫자와 기호는 주조 번호를 나타냈다.

상평통보
조선 시대의 화폐로 조선 말기 현대식 화폐가 나올 때까지 쓰였다.

처음에 상평통보는 호조, 상평청, 진휼청, 정초청, 사복시, 어영청, 훈련도감 등 재정과 군사 및 백성을 구제하는 관아에서 주조했다. 이후 상평통보가 계속 통용됨에 따라 화폐를 주조하는 관리 체계도 정리되었다. 1785년부터는 호조에서만 발행 업무를 전담하다가 순조 때부터 각 관청의 재정이 궁핍해지자 여러 관청에서 주조할 수 있도록 허용했다. 이후 관청뿐만 아니라 민간인에게도 상평통보를 주조할 수 있는 권한을 주자, 여러 군데서 마구 화폐를 주조해 화폐 발행이 엉망이 되었다.

결국 1894년에 상평통보 발행이 중단되었고, 이어서 화폐 정리 사업을 통해 모두 걷어 들여 없애 버렸다.

쉬는시간 교양충전

엽전이라는 말은 어떻게 생겨났을까?

우리는 옛날 동전을 흔히 '엽전'이라고 부른다. 한자로는 '잎사귀 모양의 돈'이라는 뜻이다. 그런데 엽전은 잎사귀 모양이 아닌데 왜 엽전이라고 했을까?

엽전이라는 이름은 만들어진 형태가 아니라 만드는 과정에서 유래되었다. 엽전은 쇳물을 끓여서 틀에 부어 만들었는데, 하나씩 만들려면 시간과 노동력이 많이 들기 때문에 한 번에 여러 개를 만드는 방법을 사용했다. 엽전의 틀을 홈을 파내어 서로 연결했는데, 이렇게 한 곳에서 쇳물을 부으면 골을 타고 흘러서 각각의 틀로 들어가 굳는다.

다 굳으면 마치 나뭇가지에 잎이나 열매가 주렁주렁 달린 모양이 되는데, 이것을 다시 하나하나 떼어 낸 다음 둥그렇게 갈면 엽전이 완성된다. 이때 엽전을 떼어 내기 전의 모양이 나뭇가지에 잎이 매달린 것과 같다고 해서 붙여진 이름이다.

엽전의 모양이 둥글고 가운데 네모난 구멍이 뚫린 것도 의미가 있다. 둥근 것은 하늘을, 네모난 구멍은 땅을 상징한다. 세상의 모든 것은 땅 위에 있고, 그것을 하늘이 덮고 있다는 것을 의미한다. 또 돈이 한 곳에 머무르지 않고 백성들 사이를 흘러 다니고 날마다 써도 무디어지지 않아야 한다는 뜻도 담고 있다.

우리 조상들은 소수의 사람들이 돈을 많이 가져서 백성들이 가난해지는 것을 바라지 않았다. 그래서 돈은 돌아야 백성의 생활이 나아진다는 믿음을 담아서 엽전을 만들었던 것이다.

조선 시대의 시전 상업 08

1394년 조선의 도읍이 한양으로 정해지면서 종로를 중심으로 창덕궁에 이르는 지역에 800여 칸의 시전 건물을 세우려고 했다. 하지만 왕자의 난으로 수도가 다시 개경으로 옮겨지면서 이루어지지 않았다. 그 후 태종이 다시 도읍을 한양으로 옮기고, 1410년 시전 건설 계획이 세워져 1412년부터 실제 건축이 이루어졌다.

시전

조선 시대에 지금의 종로를 중심으로 설치한 상설 시장을 말한다. 관아에서 임대해 주고, 특정 상품에 대한 독점 판매권과 난전을 금지하는 특권을 주는 대신 관아에서 필요로 하는 물품을 바칠 의무가 있었다.

　　조선 시대에는 시전 건물을 정부에서 허가한 상인들에게 세를 받고 빌려 주었다. 처음에는 시전 한 칸의 세가 봄과 가을에 저화 1장이었는데, 성종 때 편찬된 《경국대전》에는 봄과 가을에 각각 저화 20장으로 기록되어 있다. 저화의 가치가 떨어진 것도 원인이지만 빌려 주는 세가 급격히 인상되었기 때문이다.

정부와 민간의 합작품, 시전 상업

　　시전 조직은 같은 상품을 사고파는 상인들이 모여서 만든 조합으로 정부와 일정한 관계를 유지했다. 각 조합은 대행수, 도령위, 수령위, 부령위, 차지령위, 별임령위 등 임원과 그 아래로 실임, 의임, 서기, 서사 등 실무자가 있었다. 조합의 대표는 대행수가 맡았고, 각각의 임원은 조합원의 선거에 의해 선출되었다.

　　그런데 조합에 가입하기는 쉽지 않았다. 조합원의 자손은 우선적으로 가입되었지만 그렇지 않은 경우 총회의 엄격한 심사를 거쳐야 했다. 나이의 제한도 있어서 50세 이상은 가입할 수 없었고, 24세 이하는 총회에서 만장일치로 통과해야 가입할 수 있었다.

　　이러한 조직을 갖춘 시전은 다음과 같은 목적을 가지고 만들어졌다.

　　첫째, 한양 사람들의 생활필수품을 공급하는 것이었다. 한양의 인구는 15세기에 이미 15만 명이나 되었다. 이들이 사용하는 물품을 외부에서 들여와야 했는데, 이를 시전 상인이 책임졌다.

육의전

조선 시대에 종로에 자리 잡고 있던 여섯 종류의 큰 상점이다. 육의전에서 취급했던 물품은 비단·무명·명주·모시·종이·어물 등 여섯 가지이다.

둘째, 정부가 필요로 하는 물품을 공급하는 것이었다. 정부에서 사용하는 물건은 공납이나 직접 수공업을 경영하여 조달했지만 이렇게 해도 구할 수 없는 일부 품목은 시전 상인이 담당했다. 특히 중국에 보내는 진헌물은 시전 상인이 독점했다.

셋째, 국가에서 쓰고 남은 공물과 중국 사신이 가져온 물품 중 국가에서 구입하고 남은 것을 처분하는 일을 했다.

시전 상인들은 정부로부터 조합원 이외의 사람이 같은 물건을 파는 것을 금지하는 것을 보장받았지만 당시에는 난전이 그다지 없어서 아직 난전을 단속하는 권한은 주어지지 않았다.

그러나 16세기에 들어서면서 사정이 달라졌다. 농민이 도시로 모여들어 상업 인구가 늘어나고, 시전 외에 국가의 허락을 받지 않은 난전이 생겨나기 시작했다. 그래서 시전 상인과 난전 상인 사이에 경쟁이 일어났는데, 특히 임진왜란 이후 경쟁이 더 심해졌다. 그러자 정부에서는 시전 상인에게 난전을 단속할 수 있는 권한을 주었다.

시전은 한양 외에 개성, 평양, 수원 등에도 있었는데, 개성의 시전은 고려 시대부터 있던 것이 그대로 이어져 내려온 것이었다. 평양은 중국과의 교역에 큰 비중을 두었고, 국가로부터 일정한 지원을 받았다. 수원의 시전은 정조가 한양의 경제력을 분산하기 위해 만들었다.

난전

조선 시대에 나라에서 허가를 받지 않고 개인이 불법으로 차린 가게를 말한다.

금난전권의 폐해와 통공정책

　16세기부터 등장한 난전 상인들은 임진왜란 이후부터 급격히 증가했다. 농토가 황폐해지자 농민들이 한양으로 몰려들었는데, 이들 대부분이 상업에 종사했다. 이렇게 늘어난 한양의 인구는 17세기에 20만 명에 달했다.

　시전 상인들은 상인이 늘어나는 것이 불만이었다. 경쟁이 점점 심해져 물건 값은 떨어지고 이익은 줄었기 때문이다.

　그래서 시전 상인들은 정부 관리들을 움직여 '금난전권'을 받아 냈다. '금난전권'이란, 일정한 상품의 판매를 독점할 수 있는 권한이었다. 시전에서 독점하는 상품을 다른 상인이 파는 경우 이를 압수하고, 그 상인을 고발할 수 있었던 것이다.

　이에 각 시전은 독점 품목을 정해서 한성부나 시전 사무를 담당하는 평시서에 등록했는데, 그러한 물건을 '전안물종'이라고 했다.

　정부에서 금난전권을 허용한 것은 세금 수입이 줄었기 때문이다. 조선의 세금은 토지세에 의지하고 있었는데, 임진왜란 이후 농토가 줄어 수입이 줄어들었다. 이를 보완하기 위해서는 시전 상인들의 지원이 필요했다. 그래서 시전 상인들에게 금난전권을 주는 대신에 '국역'이라는 명목으로 필요할 때마다 물품을 거두어 갔다.

금난전권은 처음에는 육의전에만 주어졌지만 국역을 받아들이는 시전이 많아지면서 일반 시전까지 확대되었다. 더구나 조선 후기에는 담배와 같이 새로운 상품이 늘어나 새로운 시전도 생겨났으며, 거의 모든 시전이 금난전권을 가지게 되었다. 그러자 물가가 크게 올랐고 작은 규모의 상인들은 실업자가 되었다. 결국 이들은 살아남기 위해 금난전권의 폐지를 주장하게 되었다.

수공업자도 피해를 보았다. 장인들은 관청에 소속되어 관청 수공업을 이끌어 갔는데, 16세기부터 관청 수공업 일부가 폐지되었다. 그러자 관청에 속해 있던 장인은 민간 수공업자가 되었고, 일부는 동업조합을 만들어 시전 상인으로 발전했지만, 대부분은 영세 수공업자로 시전 상인에게 고용되는 처지가 되었다.

이처럼 금난전권은 시전 상인들에게는 막대한 이익이 되었지만 백성들의 생활을 더 어렵게 만들었다. 그러자 나라에서는 점차 금난전권을 주는 시전을 줄여 나가다가 1791년에는 육의전 이외의 시전의 금난전권을 폐지했다. 이를 '신해통공'이라고 한다.

이것은 시전 상인들에게 큰 타격을 주었다. 이들은 수단과 방법을 가리지 않고 금난전권을 부활시키려 했지만 정부의 의지는 변하지 않았고, 통공은 더 확대되었다. 통공으로 물가가 내려가 사람들 대부분이 이를 반겼고, 영세 상인들도 생활이 안정되어 갔다. 그리고 무엇보다 조선 후기 상업 발전에 큰 영향을 미쳤다.

시전 상인에 대항한 사상도고

위세가 대단한 시전 상인이라도 활동 범위와 권리는 서울에 한정되어 있었다. 그래도 시전 상인들은 지방에서 물건이 올라오면 금난전권을 이용해 앉아서도 물건을 사들일 수 있었다. 그러나 난전 상인들은 그렇게 할 수 없었기 때문에 물건이 올라오는 길목에 나가 미리 물건을 사들여야 했다. 난전 상인들은 금난전권을 휘두르는 시전 상인들에게 대항하기 위해서 조직적으로 활동했는데, 영업 규모가 크고 자본이 많아 '사상도고'라 불렀다.

사상도고는 자본에 있어서 시전 상인에 뒤지지 않았다. 마포에서 모든 어물을 매점하거나 서울로 들어오는 쌀을 모두 사들여 쌀값을 조정하기도 했다. 이들이 활동하던 곳은 지금의 청파동 일대 칠패, 동대문 근처 이현 등지였다. 그래서 칠패와 이현에는 난전이 펼쳐지고, 지방에서 올라온 많은 물건들이 쌓여 있었다.

사상도고는 또 거간꾼을 이용해 서울 각지에 물건을 판매하기도 했

는데, 이 때문에 시전 상인들은 물건이 들어오지 않아 타격을 받기도 했다.

　칠패와 이현 외에도 서울 주변에는 사상도고의 활동 무대가 있었는데, 송파나루·누원점·송우점·경강변 등이다. 모두 지방에서 서울로 상품이 들어오는 길목으로, 시전의 금난전권에서 벗어난 지역이었다. 특히 경강변과 누원점이 핵심 지역이었는데, 경강변의 사상도고는 쌀을 모두 사들여 서울의 쌀 상인들을 통제했다. 누원점은 도봉산 아래에 위치했는데, 이곳의 사상도고는 원산 일대에서 들어오는 각종 어물을 사들여 칠패에 공급했다.

　지방에서는 지방 도시와 교통의 요지를 중심으로 사상이 성장했다. 대구·평양·전주 등 대도시는 물론 강경·안성·강진 등 지방 교통의 중심지가 상업 도시로 성장했다. 국경 지대인 의주나 동래에서도 외국과 교역을 하면서 사상이 성장했다. 의주의 경우 3,000호가 살았는데, 그들 모두 청나라와의 무역으로 생계를 이어 갔다고 한다. 동래에도 왜관 무역에 종사하는 상인이 30명 있었고, 허가받지 않고 밀무역을 하는 상인들도 많았다.

쉬는시간 교양충전

채제공은 왜 금난전권 폐지를 주장했을까?

　실학자였던 채제공은 금난전권을 제한하고 통공정책을 실시하는 데 결정적인 역할을 했다. 그가 금난전권을 제한하려고 한 것은 금난전권으로 시전 상인만 엄청난 이익을 보고 생산자나 소비자 모두가 손해를 보았기 때문이다. 특히 물가가 크게 올라 백성들의 생활이 어려워지고 자유로운 매매가 이루어지지 못하는 폐단을 바로잡기 위해서였다. 그의 주장을 소개하면 다음과 같다.

　"지금 서울 시내의 민폐를 말하자면 시전의 금난전권 행위가 으뜸이다. 정부가 백성들에게 혜택을 주고자 한다면 시전의 금난전권에 의한 독점 매매를 폐지하는 것이 급선무다.

　우리나라의 금난전권은 국역의 부담을 지고 있는 육의전이 이익을 독점하도록 하기 위해 실시한 것이다. 그러나 근래에는 무뢰배들이 삼삼오오 모여서 시전을 만들어 일상 생활용품을 독점하고, 크게는 말이나 배로 운반하는 상품부터 작게는 머리에 이고 손에 든 상품까지 중도에서 억지로 사들인다. 물건의 주인이 응하지 않으면 금난전법에 해당된다고 하여 이들을 형조나 한성부에 넘기기 때문에 주인은 밑지더라도 싸게 팔게 되며 물건을 싸게 산 시전 상인은 이를 비싸게 되팔아 큰 이익을 얻는다.

　이처럼 시전 상인들이 물건을 비싸게 팔아도 백성들은 시전이 아니면 다른 곳에서는 살 수 없으므로 부득이 사게 된다. 따라서 물가는 날로 오르게 된다. 내가 어릴 때와 비교하면 물가가 3~5배나 올랐다. 심지어 채소나 옹기 같은 물건도 금난전권을 가진 시전이 있어서 자유롭게 매매할 수 없다.

　백성들은 식생활에 꼭 필요한 소금도 구하기 어렵다. 가난한 선비는 제사에 쓸 물건을 구할 수 없어서 제사를 지낼 수도 없다. 금난전권을 폐지하면 이런 폐단이 곧 사라질 것이다. 그러므로 30년 이내에 만들어진 작은 규모의 시전은 금난전권을 인정하지 말고, 그것을 어기는 상인은 법으로 다스려야 한다."

조선 시대의 무역 09

사신을 통한 무역만으로는 필요한 물건을 채울 수 없게 되자 관리들의 감시 하에 민간인들도 외국과 교역할 수 있게 되었는데 이를 '개시무역'이라고 한다. 이후 개시무역 외에 중국 상인과 일반 상인 간에 사사로운 교역도 이루어졌다. 이러한 밀무역이나 사무역을 '후시무역'이라고 한다.

조선 시대에는 민간인이 외국에 나가서 장사하는 것을 금지했기 때문에 외국과의 무역은 사신의 왕래를 통해서만 이루어다. 특히 조선 왕조에서 가장 중요시한 것은 중국과의 교역이었다.

조공무역·사신무역·역관무역

중국에 조공품을 보내면 그 답례로 하사품을 받는데, 이를 '조공무역'이라고 한다. 이때 조공품에 비해 하사품이 많아 경제적으로 이익이었기 때문에 조선은 가능하면 사신을 자주 파견하려고 했다. 그러나 중국에서는 사신 접대에 많은 비용이 들고 경제적으로도 이익이 없기 때문에 사신을 자주 파견하는 것을 싫어했다.

그래서 조선 초기에는 명나라와 사신 파견 횟수 문제로 외교적인 마찰이 심했는데, 결국 조선의 요구대로 1년에 세 번 사신을 파견하는 것으로 결정되었다. 하지만 조선은 이 외에도 갖가지 명목으로 사신을 파견했다.

조선에서 조공품으로 보내는 물건은 금·은·말·인삼·화문석 등이었으며, 하사품은 비단·약재·서적 등이었다.

그런데 하사품만으로는 필요한 물품의 수요를 충족할 수 없었기 때문에 사신에게 조공품 외에도 팔 수 있는 물건을 가져가서 필요한 물품을 사 오도록 했다.

중국 사신도 조선에 올 때 많은 물건을 가져와 팔았는데, 이때 가져온 물건이 너무 많아 정부에서 다 살 수 없자 서울과 개성 및 지방의 상인에게 팔라고 한 적도 있다. 이러한 형태의 무역을 '사신무역'이라고 한다.

조선 전기는 조공무역이 주류를 이루었지만 후기에 들어서는 사신무역의 양이 더 많아졌다. 사신무역에서는 역관이 교역을 담당했었는데, 이 때문에 '역관무역'이라는 말이 나왔다. 역관은 약 600명 정도이며 사역원에 소속되어 있었는데 사신이 한 번 왕래할 때마다 20~30명 정도가 따라갔다. 사실 통역에 필요한 사람은 몇 명 안 되었고 나머지는 모두 교역이 목적이었다.

역관무역은 사신 일행에게 여비와 물품 구입을 위해 약간의 재화를 가지고 가도록 한 데서 생겨났다. 처음에는 은을 가져가게 했으나 세종 이후에는 은 유출을 꺼려서 인삼으로 바꾸었다. 처음에는 1인당 인삼 10근씩을 가져가게 했는데, 17세기에는 1인당 인삼 80근으로 양을 늘였다. 이때 인삼을 10근씩 여덟 꾸러미로 만들어 가져갔기 때문에 이를 '팔포'라고 했다.

'별포무역'도 있었다. 별포는 관청이나 군영에서 필요한 물품 중 중국에서 살 수 있는 것을 역관들이 사 오게 하는 것이었다. 별포무역은 상의원(왕실의 의복과 장식품 조달), 내의원(궁중과 고급 관리의 약재 조달), 호조 등과 훈련도감, 어영청, 금위영, 총융청, 수어청 등 군영에서 실시했다. 이들 관청이나 군영에서 역관에게 주는 자금은 팔포가 아니었기 때문에 '별포'라고 했다.

이 밖에도 역관들은 사신 왕래시 비용을 부담하는 조건으로 각 기관에서 무역 자금을 빌릴 수 있었다.

이것을 모두 합하면 역관 1인당 은 5,000~6,000냥에 이르는 막대한 비용을 가져갈 수 있었다. 이러한 역관무역은 개인이 하는 무역으로, 커다란 이익이 남았기 때문에 역관들은 중인의 신분이지만 많은 재산을 모을 수 있었다.

민간 상인들의 개시무역

사신을 통한 무역만으로는 부족한 물건을 모두 채울 수 없었다. 그래서 점차 민간인도 외국과의 무역에 참여하게 되었는데, 먼저 개시무역이 열렸다. '개시무역'은 양국 관리가 지켜보는 가운데 민간 상인들끼리 일정한 교역을 하는 것이다.

중국과의 무역은 중강개시와 북관개시로 나뉜다. 중강개시는 의주 건너편의 중강에서 임진왜란이 한참이던 1593년에 처음 열렸다. 전쟁과 흉년으로 부족한 식량을 사들이기 위해 시작되었다.

중강개시는 1년에 두 번 열렸는데, 개시가 열릴 무렵이면 개성, 서울, 황해도, 평안도 등지에서 개시 장에 갈 상인을 뽑았다. 이때 뽑힌 상인은 의주에 모여 인솔하는 관리, 역관과 함께 중강으로 갔다. 이들의 교역에서 황소, 인삼 등은 교역 금지 품목이었다.

북관개시는 회령개시와 경원개시를 말한다. 병자호란 직후 청나라 사람들이 회령에 와서 교역을 요구했는데 이에 응하면서 시작되었다. 조선에서는 소·농기구·소금 등을 청나라에 팔았고, 청나라 상인은 양가죽·소청포 등으로 값을 치렀다. 이후 경원 지방에도 여진 부락의 상인들이 와서 교역을 시작했다. 회령개시는 해마다 열렸고, 경원개시는 2년에 한 번씩 열렸다.

북관개시는 조선에 이익이 되지 않지만 여진에게는 큰 이익이 되었다. 그래서 교역하러 오는 상인의 수가 계속 늘어 17세기 초에 5~16명에 불과했던 상인의 수가 17세기 중엽에는 600여 명이나 되었다. 상인들은 1,000마리나 되는 말, 소, 낙타를 몰고 와 교역을 했으며, 교역 기간도 80~90일이나 되었다. 그러자 마침내 조선에서는 그 수를 제한하게 되었다.

허가 받지 않은 후시무역과 개성 상인

개시무역은 관리의 감시를 받는 가운데 이루어졌으며 사사로운 교역은 금지되었다. 그런데 점차 사사로운 무역이 늘어나면서 중강개시에 일반 상인의 출입이 잦아졌고, 중국 상인과 사사로운 교역도 일어났다. 이러한 밀무역이나 사무역을 '후시무역' 이라고 했다. 후시무역은 불법이지만 개시무역만으로는 필요한 만큼 물건을 거래할 수 없었기 때문에 생겨난 것이다.

숙종 때는 중강후시를 과감히 폐지했지만 상인들은 사신이 왕래하는 틈을 타 책문(만주 주렌청과 봉황성 사이에 있는 곳)에 새로운 밀무역 장을

열었다. 이를 '책문후시'라고 한다. 책문후시는 조선 후기 가장 큰 교역으로, 1년에 4~5차례씩 열렸는데 한 번에 은 10만 냥 분의 교역이 이루어지기도 했다.

그러자 정부에서는 밀무역을 단속하기 위해 단련사를 파견해 감시했는데, 감시하러 간 단련사가 오히려 밀무역 상인의 우두머리가 되어 밀무역을 하다가 돌아오는 일도 발생했다. 사람들은 이를 비꼬아 '단련

▲ 조선 후기의 무역

사후시'라고 했다.

이에 정부는 의주에서 검문을 실시했지만 상인들이 사신 일행에 끼어 가는 것을 막을 수 없었다.

후시를 주도한 것은 개성 상인들이었다. 이들은 전국적인 조직망을 가지고 있었으며 인삼, 가죽, 종이 등 중국 상인이 필요로 하는 물건을 많이 가지고 있었다.

이들은 산지에서 교역품을 매점했는데, 종이의 경우 각 절을 돌아다니며 모두 사들여 정부에서 쓸 종이가 부족하기도 했다.

개성 상인들은 후시무역을 통해 확보한 물건을 일본으로 되팔아 중계무역을 하기도 했다.

중계무역

다른 나라에서 수입한 상품을 그대로 또 다른 나라에 수출하여 일정한 중계 수수료를 얻는 무역이다. 물건이 그대로 지나간다고 해서 중간무역·통과무역이라고도 한다.

쉬는시간 고양충전

상인들이 개척한 삼방로

조선 시대에 한양에서 원산까지는 여러 가지 노선이 있었는데, 이 중 의정부-포천-철원-김화-금성-회양-철령-안변을 거쳐 원산으로 가는 길이 공식적인 길이었다. 이 길은 '철령'이라는 고갯길을 지나가서 '철령로'라고도 하는데, 정부가 역원과 같이 여행에 필요한 시설을 잘 정비해 놓았기 때문에 공무로 여행하는 관리나 상인, 여행자 등 대부분의 사람들이 이 길로 다녔다.

그런데 이 길은 한양에서 원산까지 가는 길 중 빠른 길이 아니었다. 지름길은 철령을 지나지 않고 삼방 계곡을 지나는 길이었다. 이 길을 '삼방로'라고 부르는데, 철원에서 평강을 지나 안변으로 가는 길이다.

'삼방'이라는 지명은 삼방 계곡을 오르는 길에 성이 세 개가 있었던 것에서 유래되었다. 이 세 개의 성은 모두 고려 이전에 폐쇄되었지만 성이 있었다는 것은 교통로로 활발히 사용되었다는 증거이다. 그런데 왜 이 길이 없어진 것일까? 바로 국방상 이유 때문이다.

삼방로는 원산에서 서울로 진입하는 길 중 가장 빠르고 평탄하다. 그런데 말을 타고 이동하는 북방 민족에 대비하기 위해서는 좀 더 험하고, 돌아가는 길이 진격 속도를 늦추는 데 도움이 되므로 삼방로보다 험하고 먼 철령로로 돌아가도록 길을 없애 버린 것이다.

하지만 조선 후기에 상업이 발전하면서 한양과 원산 사이에도 이전에 비해 사람과 물자의 통행이 더욱 빈번해졌다. 특히 원산에서 생산된 어물을 한양까지 운송하려면 지체 없이 움직여야 했다. 그래서 이들은 평탄한 지름길인 삼방로로 다녔는데, 삼방로를 이용하면 원산에서 한양까지 3일이면 도착할 수 있었다. 이처럼 상인들과 짐꾼들이 삼방로로 다니게 되자 서서히 주막이 들어서게 되어 삼방로에는 여러 주막촌이 발전했다.

 이후 일제가 들어오면서 삼방로에는 경원선 철도가 부설되었고, 신작로 역시 삼방로를 통과했다.

조선 시대 장시와 행상 10

조선 시대는 상업을 억제하고 농업을 장려하는 '중농억상' 정책을 실시했다. 그래서 가능한 상업을 통제하려고 했고, 미리 허가받은 사람들 이외에는 상업에 나서는 것을 막으려고 했다. 하지만 16세기 이후 전쟁을 겪으면서 농토가 황폐해지고 백성들의 생활이 어려워지자 상업을 억제할 수 없게 되었다.

인두세
성(性)·신분·소득 등에 관계없이 성인이 된 사람에게 똑같은 금액을 부과하는 세금을 말한다.

農者天下之大本(농자천하지대본).

'농민은 천하의 근본이다' 라는 말은 조선 시대 산업 정책의 기준이 되었다. 이처럼 국가가 나서서 농민을 보호하려고 했던 것은 그만큼 농민이 국가를 운영하는 데 중요한 계층이었기 때문이다. 그렇다면 농민이 중요한 이유는 무엇이었을까?

중농억상 정책

조선의 세금은 농지세와 인두세에 기반을 두고 있었다. 그래서 정부에서는 세금이 적게 걷히는 것을 방지하기 위해서 가능하면 백성을 농촌에 붙잡아 두려고 했다. 농민과 달리 이동 생활을 하는 상인에게는 인두세를 걷기가 어려웠기 때문에 상인이 많아지면 국가의 수입이 줄어들어 큰 문제가 될 수 있었다.

조선을 이끌어 가는 양반들도 상업에는 부정적이었다. 양반은 대부분 지주였으며, 농민에게 소작을 주어 농사를 짓고 수확량을 반씩 나누었다. 농민이 열심히 일해서 수확량이 많아지면 덩달아 양반 지주의 수입도 많아졌다. 반면 농사를 지을 사람이 적거나 농민이 다른 데 정신이 팔려서 농사에 소홀하면 지주의 손해가 막심했다.

그래서 조선 전기에는 정부나 양반 지주 대부분이 상업의 발달에 관심이 없었다. 반대로 농사 기술의 발전에는 큰 관심을 가지고 있었다. 그 덕분에 농사 기술이 크게 발전했으며, 농토의 면적이 확대되고 수확량도 많아져서 당연히 국가의 수입도 늘었다.

그런데 이와 반대로 상업 행위는 철저히 금지했다. 그 이유는 상인이 많아지면 놀고 먹는 백성이 많아지고 농촌이 황폐화된다는 것이었다. 또 장시가 발달하면 자연히 이익을 다투어 풍속과 인심이 나빠지고 장터를 중심으로 도둑도 극성을 부리게 된다고 주장했는데, 이는 어디까지나 백성들이 농토를 떠나지 않도록 붙잡아 두기 위해 하는 말이었다.

하지만 농민들의 생활은 점점 나빠져 갔다. 농업으로 생활이 안정되기 위해서는 토지를 가진 자영 농민이 많아야 하는데, 양반 지주들이 많은 토지를 소유하게 되면서 농지를 잃고 소작농으로 전락하는 농민이 많았으며, 게다가 흉년이라도 들면 먹을 것이 없어서 굶는 일이 흔했다.

이에 굶주림을 참다 못한 농민들이 먹을 것을 찾아 장사에 나서게 되었다. 그런데 정부에서는 이마저 금지하려고 했다. 1547년 퇴계 이황은 흉년이 심하면 장시에서 민간 교역이 이루어져야 하는데 이를 금지하면 백성이 살 수 없으니 장시를 금하지 말도록 요청했다. 이는 당시 상업에 대한 억압이 얼마나 심했는지 보여 주는 일이다.

인물노트

이황 (1501~1570)

조선 중기의 학자이자 문신이다. 영남학파를 이루었고, 이이의 제자들로 이루어진 기호학파와 대립하였으며, 동서 당쟁에 관련되었다. 도산서원을 설립했고, 후진 양성과 학문 연구에 힘썼으며, 일본 유학계에도 큰 영향을 끼쳤다.

생활필수품을 지고 농가까지 찾아간 행상

조선 시대가 배경인 영화나 드라마를 보면 물건을 등에 지고 집집마다 돌아다니며 물건을 파는 사람을 종종 볼 수 있다. 이렇게 물건을 등에 지거나 어깨에 메고 각 집을 돌아다니며 파는 사람을 '행상'이라고 한다.

이들은 대개 지방에 사는 사람들에게 생활필수품을 팔았다. 조선 시대 지방 장시가 발달하고 농촌 사회에서 교역이 활발해진 것은 행상의 역할이 컸다. 조선은 행상을 억제했지만 행상 조직은 초기에 이미 전국적인 규모로 형성되어 있었다.

그런데 1407년에 평양 부윤이던 윤목이 재물을 탐내는 행상이 그다지 필요 없는 생활용품을 가지고 다니며 어리석은 백성과 부녀자를 유혹해 재물을 빼앗았다며 행상의 활동을 금했다. 그리고 여진과 경계 지역인 동북면과 서북면을 출입하는 행상은 지방 관리에게 행장(통행증)을 발급받아야 하며, 행장이 없는 사람은 출입을 금할 것을 요구했다.

또 1440년에 정부는 늘어나는 행상의 수가 농민보다 많아질 것을 염려해 서울과 지방의 행상 명부를 만들고, 영업세와 통행세를 징수하도록 했다. 통행증도 만들어 얼굴 모습, 나이, 활동 지역, 기간 등을 표시했다. 이처럼 행상의 활동을 제한하고 세금을 징수해 행상으로 벌어들이는 수익을 줄이고자 한 것은 행상의 수가 늘어나는 것을 방지하기 위한 조치였다.

하지만 이러한 조치로 행상 활동을 억제할 수는 없었다. 행상은 농민들의 생활에 꼭 필요한 물품을 직접 농가까지 지고 가서 팔았기 때문이다.

상설 시장

'상시 개설 시장'의 줄인 말로 항상 시장을 열고 물건을 파는 시장을 말한다. 상설 시장이 발달하게 된 것은 점차 교통이 편리해지고 사람들의 이동이 많아짐에 따라 판매자가 굳이 돌아다니면서 물건을 팔 필요가 없기 때문이다.

장시의 발달과 상설 시장의 등장

삼국 시대부터 지방 중심지에는 정기적인 시장인 장시가 있었다. 이 장시는 조선 시대에 들어와서 상설 시장으로 발전할 기미가 보이기 시작했다.

15세기 말에서 16세기에 억상(상업을 억누름)정책이 약화되고, 농토를 잃은 농민이 증가하면서 상설 시장이 생기려는 움직임이 나타났다. 농촌을 떠난 농민들이 장시에서 상업에 종사하면서 새로운 생활을 하게 되었고, 상설 상점을 발달시키게 된 것이다.

1514년 최숙생이 올린 상소문에는 '상업에 종사하는 사람이 농민보다 잘살게 됨으로써 농민이 다투어 소나 말을 팔고 장삿길에 나선다'며 한탄하는 내용이 있다. 이것은 상설 시장이나 상설 점포가 생긴 원인이 무엇인지 말해 준다.

임진왜란 이후에는 장시의 수가 크게 증가했고, 거래되는 상품의 질이 높아지고 양도 증가했다. 장시에서는 쌀을 비롯해 곡물, 담배, 면화 등 특수 작물과 수공업 상품도 대량으로 거래되었다.

특히 쌀의 거래량이 크게 증가해 정부에서 쌀의 거래에 세금을 받기

담배
17세기 초에 우리나라에 들어온 후 전국적으로 재배되었다. 특히 평안도 지방의 담배가 많이 수출되었다.

시작했다. 이는 정부가 장시를 억제하는 대신 세금을 거두어들이는 것으로 정책을 바꾸었음을 보여 주는 것이다.

또 면화와 담배도 활발히 거래되는 상품 작물이었다. 17세기 후반부터 면화를 상품으로 팔기 위해 재배하는 농민이 생겨났다. 면화가 거래되는 장시로는 경상도와 평안도가 가장 컸고, 전라도와 황해도가 뒤를 이었다. 면화의 거래에도 세금이 징수되었다.

담배는 17세기 초에 우리나라에 들어온 후 전국적으로 재배되었다. 그러나 일부 관리들은 담배 재배에 부정적이었는데, 농토가 줄어들고 담뱃불로 인해 화재가 발생한다는 것이 이유였다. 그럼에도 불구하고 18세기에는 담배 재배가 늘어났고 담배 거래가 확대되어 갔는데, 특히 평안도 지방에서 나는 담배는 '서초'라 하여 품질이 매우 뛰어나서 청나라에도 수출되었다.

이 밖에도 배추, 파, 오이, 마늘, 고구마, 생강, 약초 등도 장시에서 거래되는 대표적인 상품 작물이었다. 또한 수공업 제품의 거래도 증가했는데, 전문 수공업자가 만든 제품은 물론 농촌에서 부업으로 제작한 수공업 제품과 옷감도 장시에서 활발히 거래되었다. 이렇게 다양한 상품, 특히 상업 작물의 생산과 거래가 활발해짐으로써 농민들의 생활 형편도 점점 나아지게 되었다.

이렇게 장시의 거래가 점차 활발해지면서 상설 시장이 생겨나기 시작했다. 임진왜란 후에는 정부에서 '포자'라고 하는 상설 점포를 운영했으나 실패했고, 민간의 5일장이 점차 상설 시장으로 변해 갔다.

대표적인 것이 송파장이었다. 송파장은 삼남 지방의 물건이 서울로 들어오는 길목이어서, 장이 열리는 날은 한 달에 6일이지만 사실은 거의 매일 거래가 이루어졌다.

인근 지역의 정기 장시가 통합되어 하나의 상설 시장이 되기도 했다. 예를 들면 한 개 군 지역에서 세 곳 이상의 장시가 열리는 경우, 이들은 각각 다른 날짜에 열리지만 실질적으로는 거리가 가까워 거의 매일 장시가 열리는 것과 같았다. 이들이 점차 통합되면서 상설 시장으로 발전하게 된 것이다.

장시의 상설 시장화는 조선 시대의 경제를 변화시켰다. 그러나 일제가 침략하면서 조선의 상업 발전은 멈추게 되었다. 일제의 식민지 경제에 통합되면서 자연스러운 발전이 이루어질 수 없었기 때문이다.

행상에서 보부상으로

18세기 이후에는 행상의 수가 크게 증가했다. 이들은 개인 단위로 돌아다녔는데, 19세기경에는 집단을 이루어 조직화한 행상들도 있었다. 이들을 '보부상'이라고 했다. 보부상은 행부상, 행보상, 부보상 등 여러 가지 이름으로 불렀다. 보부상이 그전의 행상과 다른 점은 일정한 지역에서 동료를 모으고 자율적으로 규칙을 만들어 활동했다는 것이다.

보부상에는 보상과 부상이 있었는데, 보상은 보자기나 질빵에 물건을 들고 다니면서 장사하는 사람들이었다. 각 장시와 포구를 돌아다니며 물건을 파는 상인으로 일명 '봇짐장수'라고도 했다. 부상은 비교적 싼 물건을 지게에 얹어 등에 지고 다니면서 팔았는데 '등짐장수'라고 했다.

보상은 직물, 귀금속, 잡화류를 팔았고, 개항 후 외국 상품도 구입해 팔았는데 주로 사치와 관련된 물건이 많았다. 반면에 부상은 주로 어물, 소금, 콩, 무쇠, 토기와 질그릇, 목제류, 갈대 돗자리, 삼베, 기름 등과 같은 생활필수품을 팔았다. 보상과 부상은 이처럼 파는 상품이 각각 달랐기 때문에 서로 충돌하는 일은 많지 않았다.

보부상 조직의 임원은 전체 회원이 모이는 정기 총회에서 선거로 선출했다. 조직의 구성원은 일정한 의무와 권리를 가지고 있었는데, 장터에서 선배와 동료 회원을 만났을 때 인사를 하지 않으면 징계를 받았다. 또 장터에서 도박이나 횡포를 부리는 사

보부상
보상과 부상으로 나뉘는데, 보상은 주로 사치품을 팔았고, 부상은 생활필수품을 팔았다.

람도 처벌을 받았으며, 동료가 행상 길에 병에 걸리면 아무리 바빠도 돌봐 주어야 할 의무가 있었다. 장사에 실패한 동료 회원에게는 다시 장사를 할 수 있도록 돈도 마련해 주었다. 폭리나 사기 행위도 처벌을 받았다. 이 같은 권리와 의무를 이행하기 위해서 보부상 단체에서 일종의 허가증을 발급하는데, 허가증이 없으면 장시에 출입할 수 없었다.

보부상은 스스로의 이익을 지키기 위해 조직화되긴 했지만 처음부터 전국적인 조직을 갖추었던 것은 아니다. 1866년 병인양요가 일어나자 보부상은 정부와 일정한 관계를 가지면서 활동하기 시작했는데, 흥선 대원군이 보부상의 강력한 조직과 물리력을 동원하여 프랑스 군을 몰아내려고 했던 것이다.

그래서 보상단은 1879년, 부상단은 1881년에 정부의 주도 아래 전국적인 조직을 갖추게 되었다. 이들에게는 주로 양곡 수송과 정찰을 맡겼는데, 프랑스 군이 물러난 후 부상 우두머리를 비롯하여 전쟁에 공이 있는 사람들은 포상했지만 국가에 대한 의무나 공식적인 권리는 주어지지 않았다.

개항 이후 정부는 지방 장시의 질서를 바로 잡고 세금 수입을 높이기 위해 보부상 조직을 지배하려고 했다. 그래서 정부는 1883년에 보상과 부상을 통합하여 혜상공국을 설치했다. 또 1885년에는 혜상공국을 상리국으로 바꾸고 동시에 부상을 좌단, 보상을 우단으로 구별했다.

이후 보부상들은 정부에 소속되어 1894년 동학 농민 운동 때 농민군 토벌에 참여했다. 그리고 반정부운동을 벌인 독립 협회와 만민 공동회를 탄압하기도 했다. 이러한 활동의 대가로 보부상들은 어염·수철·토기·목기·목물 등의 상품을 판매할 수 있는 전매특권을 부여받았다.

병인양요

흥선 대원군의 천주교 탄압으로 고종 3년(1866)에 프랑스 함대가 강화도를 침범한 사건이다. 프랑스 함대는 약 40일 만에 물러갔다.

독립 협회

1896년 7월에 설립한 우리나라 최초의 근대적인 사회 정치 단체이다. 우리나라의 자주 독립과 내정 개혁을 주장하며 활동했다. 〈독립신문〉을 발간해 민중 계몽에 나선 서재필을 중심으로 이상재·이승만·윤치호 등이 참여했다.

쉬는시간 교양충전

조선 후기의 상업 혁명

우리나라를 흔히 '조용한 아침의 나라', '은자의 나라'라고 표현한다. 언뜻 들으면 순수하고 낭만적인 이미지로 여겨지기도 하지만 세계적인 변화에서 벗어나 있었던 슬픈 자화상이기도 하다. 정말 우리는 은자의 나라였을까? 우리 역사를 조금만 주의 깊게 살펴보면 결코 조용한 아침의 나라가 아니라는 것을 알 수 있다.

우리나라의 역사가 세계의 교역망에서 벗어나게 된 것은 조선 시대이다. 조선의 지배층은 철저하게 중농주의와 억상 정책을 주장했다. 그래서 일반 백성들이 외국과 교역하는 것을 막았고, 상업 인구가 늘어나면 농업을 망친다고 믿었다.

그런데 조선 후기에 농업이 발달하자 농촌을 바탕으로 시장이 발달했고, 상업 경제가 활발해졌다. 조선판 상업 혁명이 일어났던 것이다. 이렇게 국내 상업이 발전하면 당연히 무역에 대한 욕심이 커지게 되고, 이로 인해 조선 후기에 밀무역이 성행하게 되었다.

그러나 조선의 상업 혁명은 민간 무역의 확대로 연결되지 못했다. 우리보다 일찍 상업 발전을 이루었던 중국도 마찬가지였다. 하지만 우리와 비슷한 시기에 바닷길을 막았던 일본은 무역을 발전시켜 19세기 이후 근대화에 성공해 무역 대국이 되었다.

어떻게 이러한 차이가 생긴 것일까? 그 대답은 간단하지 않다. 하지만 한 가지 중요한 차이점은 변화에 대한 지배층의 생각이다. 일본의 지배층은 변화를 받아들이고, 경제에 대해 간섭을 적게 함으로써 국내 상업 혁명을 세계화시켰다.

반면에 조선의 지배층은 상업의 발전과 상인들의 활동을 억압했다. 또 시전 상인과 사상도고들은 자신들의 이익을 지키려고 지배층과 결탁했다. 그들은 무역을 독점하여 그 이익을 지배층과 나누는 데 급급했고, 결국 민간 무역은 발전하지 못했다.

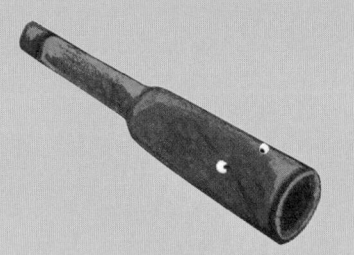

문화 교류의 상징인 실크로드와 한반도 11

동서 간 다양한 문화 교류의 통로인 실크로드는 크게 3가지 통로로 구분된다. 첫째는 바닷길로 중국에서 동남아시아 바닷가를 거쳐 인도양을 지나 아라비아 만에 이르는 길이다. 둘째는 사막길로 중국 장안(서안)에서 천산 남북로를 거쳐 중앙아시아를 지나 페르시아로 연결되는 길이다. 셋째는 초원길로 몽골 고원을 중심으로 유라시아 북쪽에 형성된 넓은 초원 지대를 가로질러 동유럽에 이르는 길이다.

인물노트

리히트호벤
(1833~1905)

독일의 지리·지질학자로, 1868~1872년 중국 본토와 티베트 지질 조사에 착수해 조사 결과를 책으로 펴냈다. 이로써 그는 지리학이란 실현성이 없는 헛된 학문이 아니라, 야외 관찰 실험의 학문이며 경관론임을 입증했다.

19세기 말 서구의 여러 나라는 중국 침략에 열을 올리고 있었다. 영국, 프랑스 등은 일찍이 중국에 들어와 상당한 이익을 보았지만 뒤늦게 뛰어든 독일은 다른 나라에 비해 별 성과를 거두지 못했다.

그 당시 독일의 지리학자 리히트호벤은 독일 정부로부터 비밀 임무를 부여받고 중국 대륙을 여행하고 있었다. 즉, 독일이 어디를 차지하면 좋을지 조사하고 다니는 중이었다.

실크로드에 대한 낭만적 환상

리히트호벤은 중국을 거쳐서 중앙아시아 일대로 들어갔다. 당시 중앙아시아는 바닷가에서 멀리 떨어져서 아직 서구 세계에 잘 알려져 있지 않았다. 하지만 마지막 남은 미지의 땅을 열강들이 가만히 두고 볼 리가 없었다. 여러 나라의 모험가들이 앞다투어 미지의 땅으로 들어갔다. 이들은 겉으로는 탐험대인 척했지만 사실은 침략을 위한 정찰과 정

실크로드
비단길이라는 뜻으로 중국의 비단이 이 길을 통해 서양으로 전해진 데서 유래한 이름이다. 고대 동양과 서양을 잇는 문명의 길이었다.

보 수집에 더 큰 관심이 있었다.

리히트호벤은 조사 결과를 책으로 남겼는데, 바로 《중국》이라는 책이다. 그런데 이 책에는 그 전에 사용하지 않았던 말이 하나 포함되어 있었다. 독일어로는 '자이덴스트라센'이라는 말인데, 영어로 표현하면 '실크로드(Silk Road)'이다. 그 의미는 중국 비단이 로마까지 운반된 길이라는 것이다. 정말 중국의 특산물이었던 비단이 대륙을 건너 로마 귀족의 몸을 장식했을까? 그러나 이것은 역사적 사실을 바탕으로 한 것이 아니라 리히트호벤의 상상에 가까운 것이었다.

리히트호벤이 어떤 목적을 가지고 이 말을 사용했던 것은 아니었지만 그의 낭만적 상상은 그가 죽은 후 현실이 되어 갔다. 그의 제자 중 한 사람이 이를 사실로 밝혀냈던 것이다. 그의 책 《누란》 속에서 실크로드는 상상이 아니라 현실이 되었는데, 이 책을 읽은 사람들은 비단이 이 길을 따라 로마에 이르렀을 것이라 믿었다.

실크로드의 끝은 어디일까?

우리나라는 유라시아 대륙 가장 동쪽에 위치한 반도 국가이다. 실크로드의 변방에 속하는 우리나라는 실크로드와 아무런 관계가 없는 것일까?

중앙아시아 우즈베키스탄의 사마르칸트에서 발견된 아프라시압 벽화에는 우리의 눈길을 끄는 장면이 있다. 벽화에 그려진 여러 나라의 사절 가운데 고구려 사신이 있는 것이다. 당시는 당나라와 고구려가 전쟁 중이었는데, 고구려 사신이 당나라의 영역을 벗어나 있는 초원길을 따라서 이곳까지 온 것으로 보인다.

해상을 통한 교류도 있었던 것으로 추정된다. 백제의 승려 겸익은 불법을 공부하기 위해 인도에 유학을 다녀왔다. 겸익이 어느 길로 인도에 갔는지는 정확히 알 수 없지만, 아마 해상 실크로드를 이용했을 것이다.

이를 짐작할 수 있는 단서가 있다. 중국 남경박물관에 소장된 그림 중 '양직공도'라는 그림에는 세계 각지에서 온 사절들이 그려져 있다. 심지어 아프리카에서 온 사신도 그려져 있다. 중국 사람들은 이들을 중국에 조공하러 온 사신이라 생각했지만 사실 이들은 상인으로, 장사를 목적으로 중국을 방문했던 것이다. 그 가운데 백제 사신의 모습이 그려져 있는데, 백제 사신은 양나라의 궁정에서 여러 나라의 상인들을 만났던 것으로 짐작된다.

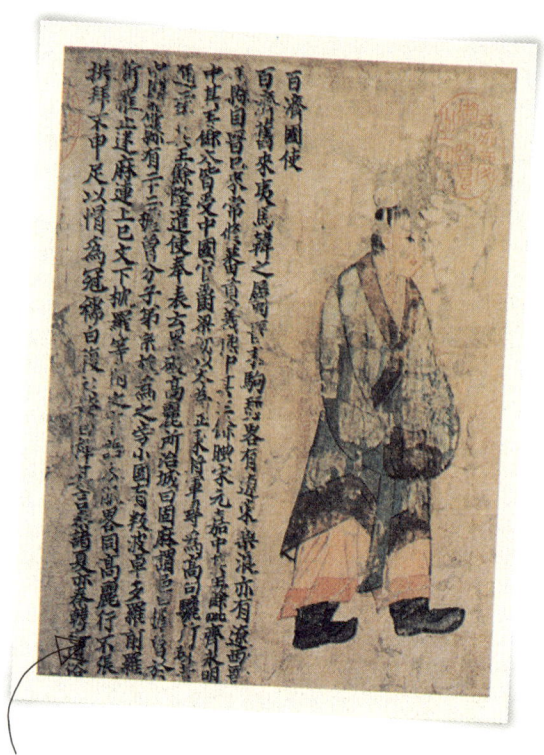

양직공도
6세기경에 중국을 찾은 백제, 왜나라 등 외국 사신들의 모습을 그린 사신도이다.

이처럼 세계 여러 나라의 상인들이 바닷길을 통해 양나라에 왔던 것으로 보아 당시 바닷길이 활발히 사용되었음을 알 수 있다. 겸익은 이들을 따라서 인도에 다녀왔던 것으로 추정된다.

이것뿐만 아니다. 신라와 가야가 자리 잡았던 지역에서도 실크로드와 관련된 유물들이 발견되었다. 가야의 역사에 대해 쓴 책에는 김수로왕의 부인이 인도에서 온 허황옥이라고 전한다. 허황옥이 가져온 파사 석탑은 지금도 김수로 왕릉 한쪽에 있다.

신라의 고분에서는 로마 유리와 북방 유목 기마 민족과 관련된 유물이 출토되고 있고, 경주 괘릉의 무인상은 아랍 사람의 모습을 하고 있다.

이처럼 우리나라의 고대 세계는 세계를 향해 열려 있었다. 고려 시대에는 아라비아 상인이 개성 거리를 거닐었고, 우리나라의 영문 명칭이 '코리아'인 것도 고려에서 비롯되었다.

그런데도 일본의 학자들은 실크로드의 종점이 일본이었다고 주장한다. 그들의 주장에 따르면 실크로드는 우리나라를 지나가지 않고 중국에서 바다를 통해 바로 일본으로 연결된다. 이처럼 우리나라가 실크로드에서 벗어나 있다고 하는 일본의 주장은 서구인의 눈에 우리나라를 세계사의 조류에서 벗어난 변방으로 보이게 할 우려가 있다.

초원길과 흉노, 유연 그리고 고구려

초원 지대 최초의 제국은 몽골 초원에서 일어난 흉노 제국이었다. 기원전 4세기 몽골 초원을 중심으로 주변의 여러 유목 부족과 연합해 세워진 흉노는 몽골 초원을 중심으로 동쪽은 만주, 서쪽은 아랄 해, 북쪽은 바이칼 호와 이르티쉬 강 유역, 남쪽은 중국 위수 지방과 티베트 고원에까지 이르는 대제국이었다. 그래서 동서의 모든 나라는 초원길의 통행과 교역에 흉노의 통제를 받았다.

고조선은 이미 기원전 4세기경부터 흉노와 관계를 맺고 있었다. 한 무제가 위만조선을 공격한 이유도 흉노의 동맹 세력을 무너뜨리려는 전략에서였다.

고조선이 멸망한 후 흉노와 관계를 지속한 것은 고구려였다. 흉노와 한나라는 서로 앙숙이었고, 고구려 역시 한나라와 사이가 나빴다. 그런데 전한을 무너뜨린 왕망이 흉노를 정복하겠다며 고구려에 병력을 요청했다. 고구려는 이에 응하지 않고 오히려 왕망이 세운 신나라를 공격했다.

흉노는 군사력이 매우 강했으며, 말을 잘 다루었다. 이것은 어려서부터 말을 타고 생활했기 때문이기도 하지만 안장과 등자를 사용함으로써 신기에 가까운 기마술을 익힐 수 있었기 때문이다. 이러한 흉노의 기마술은 초원길을 따라 고구려에도 전해졌고, 이후 다시 신라, 가야 및

유연

5~6세기 무렵 몽골 고원에서 활약한 유목 국가이다. 한때 타림 분지까지 손에 넣었고, 북위와 대립해서 북쪽 변경을 침공하는 한편 칭하이 방면의 토욕혼을 거쳐 남조 여러 나라와 내왕했다. 돌궐에게 멸망했다.

경주 괘릉 무인상
우리나라의 무인이 아닌 서역의 무인상으로 신라의 교역 범위가 이슬람까지 확대되었음을 알 수 있다.

돌궐

6세기 중엽부터 약 200년 동안 몽골 고원을 중심으로 활약한 튀르크계 민족이다. 한때 동쪽으로는 중국 둥베이(만주), 서쪽으로는 중앙아시아에까지 세력이 미쳤으나 위구르에게 멸망했다.

일본까지 전달되었다. 고구려는 초원길을 지배하는 흉노와 관계를 맺음으로써 자연히 초원길 경제와 문화의 영향을 받았다.

흉노에 이어서 등장한 유목 국가가 유연이다. 고구려는 유연과 전쟁을 하기도 했지만 대체로 우호적 관계를 유지했다. 백제 개로왕이 북위에 보낸 국서에는 고구려가 유연과 아주 밀접한 관계였다고 기록하고 있다.

유연은 북위와 대적하고 있어서 중국과 직접적인 교역이 어려웠기 때문에 서역의 국가들과 고구려의 물자가 필요했다. 그래서 고구려–유연–서역으로 연결되는 교역로가 열렸다.

유연 뒤에 출현한 국가는 돌궐이었다. 고구려와 돌궐 사이에는 중국이라는 공동의 적이 있었기 때문에 형제국에 가까운 우호관계를 유지

황남대총
경상북도 경주시 황남동 대릉원 안에 있는 신라 고분이다. 두 개의 봉분이 남북으로 이어져 있는 돌무지덧널무덤으로 여러 장신구와 유리 제품들이 출토되었다.

했다.

고구려는 존속 기간 동안 줄곧 중국과 대립했다. 반면에 북방의 여러 부족이나 국가와는 비교적 우호적인 관계를 유지했다. 따라서 초원길을 통한 대외 교역은 중국과의 교역 못지않게 중요한 사업이었다.

신라 고분 속에서 발견된 로마 유리

경주에는 작은 언덕과 같은 고분들이 시내 중심지 곳곳에 있다. 이 고분들은 모두 '돌무지덧널무덤'이라고 부르는 것들로, 대부분 신라 시대인 4~5세기경에 만들어졌다.

돌무지덧널무덤은 스키타이, 흉노 등 북방 유목 문화와 관련되어 있으며, 내부에서 출토되는 유물도 북방계 유물이 주류를 이루고 있다. 경주뿐만이 아니라 비슷한 시기의 김해 대성동 고분에서도 북방계 유물이 출토되고 있다.

경주의 고분에서 출토된 유물 중 관심을 끄는 것은 금·은 장식품과 유리 제품이다. 유리 제품은 지중해 연안에서 생산된 로마 유리로 로마와 지중해 연안, 중동 지역에서 발견되는 것과 같다. 금·은 장식품 역시 스키타이의 영향이 진하게 남아 있다.

그런데 지중해 연안에서 만들어진 유리 제품이 어떻게 먼 길을 지나 서라벌까지 왔을까?

우선 유리를 만드는 기술이 전래되어 신라에서 만들었을 경우를 생각해 볼 수 있다. 황남대총에서 출토된 유리병은 부러진 손잡이를 금실로 감아 붙여 놓았는데, 이것은 당시에 유리가 금보다 귀했음을 말해 준다. 유리 만드는 기술이 있었다면 차라리 새로 만들지 않았을까? 따

황남대총에서 출토된 봉수형 유리병

ⓒ국립경주박물관

스키타이

기원전 6세기~3세기경 남부 러시아의 초원 지대에서 활약한 최초의 기마 유목 민족이다.

라서 이는 교역품으로 보는 것이 맞을 것이다.

　로마 유리가 서라벌로 전해진 길로 주목할 수 있는 것이 초원길이다. 당시 신라는 주변 세력 중 고구려와 밀접한 외교 관계를 맺고 있었으며, 고구려의 도움을 받아 중국에 사신을 파견하기도 했다. 고구려는 당시 흉노, 유연 등과 외교 관계를 맺었기 때문에 초원길 교역에 참여하고 있었다. 신라 지역에서 흉노 계통의 유물이 나오는 것도 고구려를 통해서 들어온 것으로 보인다.

　유리와 금 제품은 무게는 가볍지만 비싼 물건이었다. 그리고 생산되는 지역이 한정되어 있어서 멀리 떨어진 곳으로 가져가면 많은 이익을 남길 수 있었다. 따라서 초원길을 왕래하는 대상들은 무거운 물건보다 작고 값이 비싸 이익이 많이 남는 유리 제품이나 금·은 세공품을 중요한 교역품으로 취급했다.

　지중해 연안에서 만들어진 로마 유리는 흑해 연안의 유목 민족에게 수출되었는데, 이것이 초원로를 따라 알타이와 몽골 고원 등으로 전달되었고, 고구려를 거쳐 신라에 이르렀다.

　황남대총에서 출토된 유리병은 지중해의 사이프러스 섬에서 출토된 유리병과 같다. 이외에도 금령총에서 출토된 유리병과 코카서스 지방의 유리병, 페르시아 은제 그릇과 황남대총의 은제 그릇, 황남대총의 팔찌와 흑해 인근에서 출토된 팔찌 등 서로 닮은 것이 많다.

　신라 사람들은 당시 지중해, 흑해, 페르시아 등지에서 유행하는 상품을 거의 동시에 사용했던 것이다.

　한편 유리 제품은 바닷길을 통해서도 들어왔을 것으로 짐작된다. 중국의 역사책 《후한서》〈서역전〉에는 166년 로마 사신이 베트남을 지나 중국에 왔다고 기록되어 있다. 한나라 때부터 바닷길은 동남아, 인도 등으로 연결되었고 로마에까지 이르렀다. 중국 남방의 해안 지대에서 발견되는 로마 유리는 해상 실크로드를 따라서 들어왔을 것이다. 이 중 일부가 백제와 가야를 거쳐 신라로 들어왔을 가능성도 있다.

지금까지 살펴본 것처럼 삼국 중 가장 동쪽에 위치하며 고립되었던 신라도 실크로드에서 벗어나 있었던 것은 아니다. 늦어도 4세기경에는 신라도 실크로드의 교역에 참여하고 있었던 것으로 보인다. 이처럼 동서양을 연결하는 실크로드는 서라벌에 이르러 긴 여정이 끝났던 것이다.

《후한서》
남북조 시대에 송나라의 범엽이 쓴 책으로, 후한의 13대 196년간의 역사를 기록한 책이다.

쉬는시간 고양총전
아프라시압 궁전 벽화 속 고구려인

1965년 우즈베키스탄 사마르칸트의 아프라시압 언덕에서 벽화가 발굴되었다. 이 언덕은 칭기즈칸이 도시를 파괴하던 중심지였는데, 1958년 한 목동이 우연히 동전과 유물을 발견한 것을 계기로 발굴이 시작되었다. 얼마 전까지도 프랑스 고고학 팀이 발굴 작업을 진행했는데, 발굴 결과 왕궁 터였음이 알려지게 되었다. 아프라시압 벽화는 궁전의 벽에 그려진 것으로 추정되며, 벽화에는 아프라시압 궁전에 온 각국의 사신들이 그려져 있다.

이 벽화에는 소그드 어로 쓰인 명문이 있는데, 이를 해석한 결과 벽화에 등장하는 왕은 7세기 중엽 사마르칸트를 통치하던 바흐르만 국왕으로 밝혀졌다. 벽화는 당시 왕을 알현하는 12명의 외국 사절단의 모습이다.

그런데 우리의 주의를 끄는 것은 벽화 속에 조우관을 쓴 사신이었다. 조우관은 고구려계 사람들이 즐겨 쓰던 새 깃털로 만든 모자이다. 벽화 속 외교 사절 행렬의 마지막에 팔짱을 낀 채 조우관을 쓰고, 큰 칼을 찬 몽골 인종계의 두 사람이 서 있다.

이 벽화는 고구려가 멸망하기 직전에 제작된 것이어서 발해나 신라인 등으로 잘못 보기도 했다. 그러나 종이나 복식, 유연과 돌궐을 비롯한 북방 세력과의 관계를 볼 때, 이 두 사람은 당나라의 침략으로 고구려의 운명이 위태로워지자 멀리 서역 제국들과 연합하기 위해 북방 초원로를 달려 그곳에 도착한 고구려 사절인 것으로 생각된다.

▲ 아프라시압 궁전 벽화

고대의 바닷길 12

육로는 시간도 오래 걸리고 한꺼번에 많은 양의 물건을 나르기 어려운 반면, 수로나 해로는 많은 물자를 싣고 먼 거리를 가는 데 유리했다. 더구나 해로는 먼 거리를 가면서도 주변에 있는 적대국의 간섭이나 방해를 피하기도 쉬웠다. 그래서 선사 시대부터 해로나 수로는 가장 중요한 교통로가 되었다.

조수간만

해수면이 낮아지는 간조와 그 반대 현상인 만조를 일컫는 말이다.
바닷물의 간만은 1일에 2회 되풀이되는데, 만조와 간조의 높이 차를 간만의 차 또는 조차라고 한다. 우리나라 서해안의 간만의 차는 인천만이 9m로 최고이고, 대부분 5m 이상이다. 남해안은 2m 내외, 동해안은 0.3m 내외이다.

동아시아는 고대부터 하나의 교역권으로 묶여 있었다. 중국에서 한반도를 거쳐 일본에 이르는 해상로가 개척되었고, 이 길을 통한 교역도 활발했다. 그래서 교역의 주도권을 누가 가지느냐를 두고 치열한 경쟁을 벌였는데 이는 한반도와 주변 세계의 역사 흐름에 커다란 영향을 미쳤다.

일반적으로 육로는 시간도 오래 걸리고 한꺼번에 많은 양의 물건을 나르기 어려운 반면, 수로나 해로는 많은 물자를 싣고 먼 거리를 가는 데 유리했다. 이 때문에 선사 시대부터 해로나 수로는 가장 중요한 교통로가 되었으며, 이와 함께 해안이나 강가를 중심으로 마을이 형성되면서 점차 소국으로 발전했다.

이렇게 중요한 해로와 수로는 어떻게 발달해 왔을까?

점점이 섬이 떠 있는 서해안과 남해안

서해안은 땅이 가라앉으면서 바닷물이 들어와 만들어진 침강 해안이다. 해발 고도가 낮은 평원 지대에 물이 들어와서 바다가 만들어져 수심이 얕고, 해안선은 매우 복잡한 리아스식 해안으로 이루어져 있다. 남해안 역시 침강 해안이다. 하지만 원래 깊은 계곡과 산으로 이루어져 있던 곳에 바닷물이 들어와서 서해안과는 형태가 다르며 비교적 수심이 깊다.

서해안과 남해안의 공통점은 해안선이 복잡하고 해안에서 멀지 않은 곳에 많은 섬이 늘어서 있다는 점이다. 섬과 섬 사이의 거리가 가까워서 작은 배를 타고 건너갈 수 있으며, 조수간만의 차가 커서 썰물 때는 섬과 섬이 서로 육지로 연결되는 경우도 있다. 따라서 섬과 섬 사이를 건너가면서 해로를 개척하기가 쉬웠다. 반대로 육지로 해안을 따라 다니기는 매우 어렵다. 육지를 따라 가려면 바닷길보다 더 멀고 지형적 장애도 많기 때문이다.

해로를 이용해 섬과 섬 사이를 왕래하면서 생활한 것은 신석기 시대부터였다. 그래서 서남 해안의 여러 섬 곳곳에서는 신석기 시대 사람들이 살았던 흔적으로 '조개무덤(패총)'이라고 부르는 유적들이 발견되고 있다. 조개무덤은 당시 사람들이 살면서 남긴 쓰레기를 모아 놓았던 곳으로 대개 조개나 물고기를 잡아먹고 조개껍데기와 생선뼈 등을 버린 것이 계속 쌓여 만들어진 것이다.

조개무덤 속에서는 당시 사용되었던 그릇 조각이나 도구들도 발견된다. 또 조개무덤은 사람들이 살았던 곳에서 만들어졌기 때문에 주변에는 주거지가 있다. 그런데 이 주거지는 계속 섬에서 살기 위한 것이 아니라 일시적으로 살기 위해서 만들었던 것이 많다. 즉 일 년 중 일정한 시기에 섬에 들어와 살다가 육지로 가거나 다른 섬으로 이동했던 것으로 보인다.

항구 발달이 어려웠던 서해안과 남해안

선사 시대부터 서해안에서는 섬과 섬 사이를 건너다니며 살았기 때문에 일찍이 해로가 발달했다.

이러한 해로가 발달하려면 항구가 필요한데, 서해안과 남해안은 지형적 특성으로 항구가 들어설 만한 지역이 많지 않다.

서해안은 만은 발달했지만 수심이 얕고, 더구나 조수간

진촌리 패총
굴·섭조개 등으로 이루어진 패총이 발견된 것으로 보아 백령도에는 석기 시대부터 사람들이 살았음을 알 수 있다.

조류

달과 태양의 인력으로 인해 해수면의 높이가 변하는 조석 현상에 따라 바닷물이 수평으로 운동하는 것을 말한다.

만의 차가 커서 갯벌이 넓게 만들어져 있다. 넓은 갯벌은 항구를 만드는 데 장애가 된다. 그래서 서해안에서는 바다로 흘러드는 강을 좀 거슬러 올라가서 큰 항구가 만들어지는 경우가 많다.

남해안의 만은 서해안에 비해 비교적 수심이 깊지만 항구가 발달할 수 있는 곳은 역시 적다. 항구가 발달되기 위해서는 주변 지역에 사람이 살기 좋은 평야 지대가 있어야 한다. 그래야 항구에서 일할 사람도 있고, 다른 지역과 거래할 물건도 생겨난다. 또 사방으로 통하는 육로도 편리해야 한다. 그러나 남해안은 만의 주변이 높은 산으로 둘러싸여 고립된 곳이 대부분이다.

하지만 강이 바다로 흘러드는 지역은 약간의 평야 지대가 있어서 사람이 모여 살기 좋고 주변 지역으로 통하는 육로도 편리하다. 그래서 낙동강 하구, 남강 하구, 섬진강 하구 등에 항구가 발달했다.

또한 지역과 시간에 따라 조류의 흐름이 크게 차이 나는 서해안과 남해안은 각 지역마다 그 지역의 물길에 익숙한 세력이 있었으며, 다른 지역 사람들이 지날 때는 그 지역의 물길에 익숙한 사람에게 도움을 받아야 했다. 그래서 조류와 간만의 차가 복잡한 시역일수록 그 주변에 있는 해상 세력의 위세가 컸다.

섬진강 하구
강이 바다로 흘러드는 곳은 평야 지대가 있어 사람들이 살기에 좋고, 육로도 편리해 항구가 발달했다.

가장 대표적인 지역이 영산강 하구 및 나주만 주변, 신안군도 일대이다. 이 지역은 서해안과 남해안을 연결하는 곳이며, 특히 해로와 해안 지형이 복잡하여 외부에서 오는 세력이 쉽게 통과하기 어렵다.

그래서 이 지역은 백제 시대에도 가장 늦게 백제 영역에 포함되었다. 장보고 선단의 근거지도 이곳에 있었으며, 왕건은 이 나주만 일대를 장악함으로써 후백제와 싸움에서 승리할 수 있었다.

요동에서 남해까지 바닷길

고조선 시대부터 요동 지방에서 우리나라 남해안을 잇는 교통로는 주로 뱃길을 이용했다. 《삼국지》〈동이전〉에는 "낙랑군(평양 일대)에서 왜까지 가려면 해안을 따라 남쪽으로 갔다가 다시 동쪽으로 7,000여 리를 가면 구야한국(김해)의 북안에 닿고, 여기서 다시 1,000여 리를 건너면 대마국이 나온다"는 기록이 있다. 실제 거리보다 과장되었지만 한반도 서해안과 남해안을 지나는 항로를 잘 표현하고 있다.

이 해로는 요동에서 압록강 하구-대동강 하구-백령도-연평도-한강 하구-덕적도-안면도-고군산 열도로 내려와 영산강 하구를 거쳐 남해안으로 가는 길이다. 바다에서 육지를 바라보면서 항해했기 때문에 비교적 길을 찾기가 쉬웠다. 이렇게 바다에서 육지를 바라보고 항해하는 길을 '연안 항로'라고 한다.

이 길은 요동반도 남쪽 끝에서 발해를 건너 중국의 연안 항로를 따라서 동남아 일대까지 연결되었다. 우리나라 남해안에서는 대마도를 지나 일본 규슈 지방으로 연결되었는데, 이 길을 '동아시아 연안 항로'라고 부른다.

쉬는시간 교양충전

일본 열도를 공포에 떨게 한 신라 해적

우리나라의 역사에는 '왜구'라고 부르는 일본의 해적들이 침입했던 기록이 많이 있다. 특히 고려 말과 조선 초에는 왜구의 침입이 잦아 전국이 공포에 떨었다. 그런데 반대로 일본을 공포로 몰아넣었던 우리나라의 해적도 있었다. 일본에서 '신라구'라고 부르던 신라 해적들이다. 대체로 9세기 초부터 10세기 초까지 우리나라의 서남 해안을 근거지로 멀리 중국과 일본까지 넘나들었다.

일본의 기록에 의하면 신라 해적이 처음 나타난 것은 811년이다. 신라 해적이 탄 배 20여 척이 대마도 근해에 출몰했다. 813년에는 규슈 서쪽 고토 열도의 지카노시마라는 섬에 신라 해적 110명이 5척의 배를 타고 와서 약탈을 했다고 한다.

청해진이 설치된 후 신라 해적들의 활동은 잠시 뜸해졌지만 851년 장보고가 죽자 다시 신라 해적들이 일본 열도에 나타났다. 해적들은 일본보다 더 빠르고 튼튼한 배를 가졌으며 항해술이 뛰어났다. 일본은 신라 해적을 막아낼 마땅한 방법이 없어서 별다른 대책을 세우지 못해 전전긍긍했다.

866년에는 신라가 침입한다는 헛소문으로 일본 열도가 혼란에 빠지기도 했다. 그리고 869년 신라 해적선 2척이 나타나 일본의 대외 무역항이었던 규슈의 하카다 항을 약탈했다. 이후에도 10세기 초까지 일본에 수차례에 걸쳐 신라 해적이 나타났다.

당시 신라 해적은 신라 중앙 정부의 통제에서 벗어난 서남 해안 지대 사람들로 추정된다. 9세기에 들어서면서 중앙의 힘이 약화되고 전국적으로 기근과 혼란이 발생하자 살기 위해 일본 연안까지 진출하여 약탈을 했던 것이다.

　신라 해적들은 왕건과 견훤 등이 해상권을 장악한 후에 쇠퇴했다. 그리고 고려 시대 이후에는 농업 사회가 정착되면서 해상 세력이 약화되고, 해적의 활동도 거의 사라졌다.

고대 동아시아의 교역 13

사천시 늑도 유적지에서는 다양한 문화적 배경을 가진 유물들이 출토되고 있다. 특히 출토된 토기 중에 낙랑에서 제작되어 수입된 토기가 있는데, 이것이 일본에서도 발견된 것으로 보아 일본과도 활발하게 교류했음을 알 수 있다. 이 외에 주거 형태에서도 복합적인 문화가 나타나는데 이러한 유적들은 당시 늑도가 다양한 사람들이 왕래했던 일종의 국제 무역항이었음을 알려 준다.

낙랑군

한사군 중의 하나이다. 한나라 무제는 기원전 108년 위만조선을 멸망시킨 뒤 조선에 낙랑군을, 진번고지에 진번군을, 임둔고지에 임둔군을 각각 두었고, 기원전 107년에는 예의 땅에 현도군을 두어 한사군을 설치했다. 낙랑군은 대체로 위만조선의 고지를 중심으로 평남의 대부분과 황해도의 일부에 걸쳐 있었다.

1998년 경상남도 사천시 늑도의 패총을 발굴하던 중 엄청난 양의 토기 조각과 짐승의 뼈가 출토되었다. 그중에는 '반(半), 량(兩)'이라는 두 글자가 새겨진 화폐도 발견되었다. 이것은 중국 한나라 무제 5년(기원전 175)에 만든 '반량전'이라는 화폐이다. 2000년에도 반량전 1점이 새로이 발굴되었는데, 이 화폐는 우리나라 남해안 일대에서 발견된 중국 화폐 중에서 가장 오래된 것들이다.

중국 화폐와 2000년 전의 바닷길

우리나라 남해안 일대에서 중국 화폐가 발견된 것은 이때가 처음이 아니었다. 이미 1928년 제주시 건입동에 있는 산지항 공사 도중 절벽 아래서 20여 점의 중국 화폐가 발견된 적이 있다. 중국 신나라에서 발행한 화천, 대천오십, 오수전 등의 화폐였다. 이것들은 흔히 '왕망전'이라고 부르는데, 이는 신나라를 세운 왕망이 발행했기 때문에 붙은 이름이다.

왕망은 신나라가 멸망하기까지 모두 4차에 걸쳐서 각종 화폐를 발행했다. 7년 대천오십의 발행을 시작으로 9년, 10년, 14년에 걸쳐 다양한 종류의 화폐를 발행했다. 심지어 너무 많이 발행하여 미처 사용하지 못

오수전

한 것들도 있을 정도였다. 그 당시 발행된 다양한 화폐는 중국은 물론 요동과 낙랑 등 변방 군현에서도 사용되었다. 이 밖에도 우리나라와 일본 규슈 지역 등지에서도 발견되고 있어서 사용 범위가 넓었음을 알 수 있다.

우리나라에서 중국 화폐가 많이 발견되는 곳은 제주도를 비롯해 주로 남해안 섬과 해안 일대이다. 지금까지 해남 군곡리 패총, 전남 무안, 거문도, 마산 성산 패총, 창원 다호리 유적, 김해 회현리 패총 등지에서 출토되었다. 그중 대부분은 화천, 대천오십, 오수전 등이다. 화폐가 발견된 유적은 모두 서해안에서 남해안으로 연결되는 해로상의 요충지에 위치하는 것이 특징이다. 이 지역들을 서로 연결하면 당시 해로를 살필 수 있는 것은 물론이고, 중요 교역항의 위치도 알 수 있다.

'명도전'이라는 중국 화폐는 주로 우리나라 북부 지역에서 출토되었는데, 고조선과 중국의 교역이 활발했음을 잘 보여 준다. 고조선이 망하고 중국 대륙과 한반도의 교역을 담당하게 된 것은 한나라의 상인들이었다. 이들은 기원 전후에 만들어진 중국 화폐를 우리나라 남해안 일대까지 가져왔다. 중국 상인들은 주로 요동군, 낙랑군, 대방군 등 중국의 군현 지역을 중심으로 활동했으며 군현을 기지로 삼아 한반도 중남부 지역까지 내려와 삼한의 소국들과 교역을 하기도 했다.

그 과정에서 값비싼 물건을 노린 사람들이 상인들을 습격하는 일이 벌어지기도 했다. 그래서 상인들은 위험을 줄이기 위해서 육로보다 해로를 주로 이용했다.

중국 상인과 교역하는 지역은 점차 대외 교역의 중심지로 발달했으며, 이 지역의 토착 세력은 교역을 통해 큰 이익을 얻어 주변 지역에도 영향력을 미쳤다. 시간이 지날수록 이러한 지역은 다른 지역에 비해 빠르게 발전했으며 곧 경제와 문화의 중심지가 되었다. 초기 가야의 소국들은 이러한 교역의 중심지를 배경으로 성장했다.

대방군

최초의 대방은 기원전 108~기원전 107년에 설치된 한사군의 하나인 진번군 15 속현의 대방현으로, 그 위치는 황해도 사리원 및 봉산군 문정면 지방이었다. 대방현은 기원전 82년 진번군의 7현과 함께 낙랑군의 속현이 되었고, 25년에 후한이 건국되면서 후한의 지배를 받았다.

중국 동경

조공무역과 호시

우리나라에서 발견된 화폐 외에 중국과의 교역 사실을 보여 주는 것은 무엇이 있을까? 우리나라 여러 지역에서 발견되는 동경이 있다. 중국에서 동경은 중앙 정부가 관리하는 수공업자가 만드는 고급품이었다. 함부로 만들지 못하는 것은 물론 국가에 의해 그 수량이 통제되었다. 그래서 우리나라에서는 중국의 동경이 소국 수장들의 권위를 상징하는 물건으로 여겨졌다.

이처럼 중국 동경은 생산과 유통을 정부에서 엄격하게 관리했기 때문에 시장에서는 살 수 없었다. 그럼 어떤 경로를 통해 우리나라에 들어오게 된 것일까? 바로 정부 관리를 통해 물건을 들여오는 방법인 조공무역을 통해서이다. 중국 사람들의 표현을 빌리자면, 조공은 다른 민족이 중국 왕조를 방문하여 공물을 바치고 책봉을 받아 덕을 베푼 황제에게 감사하고 중국에 복속한다는 의미이다.

하지만 조공을 하는 수장들의 생각은 달랐다. 중국 황제에게 특산물을 조공으로 보내면 그 대가에 맞는 하사품을 내려보냈는데, 황제의 덕을 과시하기 위해서 내려보내는 하사품은 조공품에 비해 양이 더 많았고 값비싼 것이었다. 따라서 수장들에게는 큰 이익이 남았다.

조공무역은 일정한 자격을 갖춘 사람만이 할 수 있었다. 그래서 그 표시로 의복과 도장 같은 것을 중국 군현에서 주었다. 《삼국지》〈동이전〉에 의하면 이것을 받은 사람이 약 1,000여 명에 이르렀다고 한다.

그러나 이는 군현 세력이 약화되어 교역 질서가 엉망이 되었던 3세기경의 사정을 적은 것이고, 그전에는 이보다 훨씬 적은 사람만이 교역을 할 수 있었다. 때문에 삼한의 수장층 사이에서는 서로 군현의 책봉을 받기 위해 경쟁을 벌였다.

조공무역 외에 '호시'라고 부르는 교역도 있었는데, 중국에 조공을 하지 않는 국가와 중국 변방의 군현 사이에 벌어지는 교역이다. 예를 들어 현도군이 '책구루'라는 장소에서 고구려와 교역을 했던 것이 바로 호시였다. 조공무역보다 정치적인 의미가 약하고 자유로운 물자 교역이었다.

조공무역의 하사품은 동경을 비롯하여 각종 비단, 무기, 악기, 의복 등으로 대부분은 신분과 지위를 과시하는 정치적 의미가 큰 물건이었다. 그리고 수는 적었지만 대형 철제 보습이나 칼, 무기 등 실용품도 있었다. 이런 것들은 한나라에서 직접 관리하는 물건이어서 사무역을 통해서는 살 수 없었다.

이처럼 조공무역은 경제적 필요성보다 정치적 욕구를 충족하는 물건이 주로 거래되는 창구였던 것이다.

국제 교역항과 자유 무역

조공무역은 중국산 고급품이 유통되는 통로였지만 이것만으로는 선진 문물에 대한 욕구를 충족할 수 없었기 때문에 상인들에 의한 국제 교역이 등장하게 되었다. 이들이 교역품을 싣고 가서 토착 세력에게 팔기 위해서는 교역항이 필요했는데, 이런 지역으로 주목되는 곳이 늑도이다.

사천시 늑도 유적에서는 엄청난 양의 유물이 출토되었는데, 이 유물들은 다양한 문화적 배경을 가지고 있는 것이 특징이다. 출토된 유물의 대부분은 토기로, 토기는 일상 생활용품으로 직접 제작하여 사용하는 것이 일반적이다. 그런데 늑도에서 출토된 토기 중에는 외국에서 수입된 토기도 있었다.

마한

한반도 중부 이남 지역에 분포한 삼한 중 하나로, 기원전 1세기~기원후 3세기에 경기·충청·전라도 지방에 분포한 54개의 소국을 가리킨다.

먼저 낙랑에서 제작되어 수입된 토기가 있다. 회청색 둥근 항아리 모양으로 토기 입술 부분이 넓고 수평을 이루는 것이 특징이다. 낙랑 토기는 2,000년 전 값비싼 교역품 중에 하나였던 것으로 보인다. 이러한 토기는 일본 규슈 지역에서도 발견되는데, 입술 부분이 자루 형태이고, 표면은 붉은색으로 칠해져 있다. 이러한 늑도 토기는 일본의 야요이 시대(기원전 2~4세기) 초기의 것으로 이때부터 규슈 지역과 활발하게 교류했음을 알 수 있다.

주거지의 모습에서도 다양한 형태의 문화가 혼합되었던 점을 발견할 수 있다. 바닥을 높게 만든 고상식 가옥은 흔히 아열대 기후의 지방에서 사용하는 주거지 형태이다. 반면에 늑도 사람들이 가장 많이 살았던 집은 원형이나 사각형의 움막에 내부에는 화덕과 구들을 놓아 난방을 하는 형태였다.

늑도

중국과 서해안, 그리고 남해안을 거쳐 일본으로 이어지는 고대 동아시아 지역의 국제 무역항이었다.

내부에 이 같은 형태의 난방 시설이 만들어진 것을 보면 이곳은 부여나 고구려 등 북방 계통의 주거지였다. 한반도 남부 지역에 구들이 보급된 것은 조선 후기이므로 늑도의 구들은 당시 육지의 생활 방식과 비교할 때 굉장히 특이한 난방 방식이었다.

늑도에서 출토된 토기

늑도의 문화가 이렇게 복합적이었던 것을 보면 늑도에 다양한 사람들이 왕래했던 것을 알 수 있다. 늑도는 남해 연안해로의 요지로 늑도 앞바다의 조류의 속도는 2노트 정도로 약하다. 자연히 늑도에는 급한 물살을 피하는 배들이 정박하는 항구가 발달하게 되었다. 일종의 국제 무역항이 탄생한 것이다. 그러나 늑도는 섬이 작고 주변으로 연결되는 교통도 불편했다. 따라서 규모가 큰 국제 교역항으로 성장하는 데 한계가 있었다.

국제 교역항으로 발전한 김해

점차 교역이 활발해지면서 항해술이 발달하고 배의 크기도 커졌다. 또한 교역품의 양도 증가하여 배를 정박하기 유리한 지형, 교역을 위한 여러 물자와 사람이 쉽게 모여들 수 있는 지역이 필요했다.

그 대표적인 곳이 바로 김해 지역이었다. 지금의 김해 지역은 낙동강 하구에 위치한 평야 지대이지만, 고대에는 김해만이 형성되어 있었다. 김해 지역 구릉지에서 패총이 발견되는 것으로 보아 김해만을 중심으로 주변 구릉 지대에 마을이 위치했었음을 짐작할 수 있다.

김해는 낙동강을 통해서 영남 내륙으로 들어가는 관문이며, 일본으로 가는 해로가 출발하는 지역이다. 또한 남해안 해로의 종점이면서 일본 해로, 동해안 해로, 낙동강 수로 등이 시작되는 출발점이 된다.

이처럼 김해 지역이 국제 교역항으로 발전한 것은 변한의 대표적인 수출품이었던 철과 깊은 관련이 있다. 변한의 철은 영남 각지에서 생산되었던 것으로 보이는데, 수로나 육로를 통해 교통이 편리한 김해로 운반되었다. 이를 사기 위해서 낙랑, 대방, 왜, 마한, 동예 등 각지에서 사람들이 김해 지역으로 들어왔다. 그리고 김해에 물건을 가지고 들어온 사람들은 이를 철과 바꾸었다. 김해 지역은 일종의 중계 무역을 했던 것이다.

교역항을 중심으로 거래되는 물건들은 조공 무역과는 차이가 있어서, 주로 경제적인 부를 과시하는 사치품이 많았다. 당시 거래되었던 중요 교역품은 유리와 수정으로 만든 작은 구슬, 비단 등 고급 옷감, 칠기, 동검, 철검, 각종 철기 도구 등이다.

왜에서 들어온 물건들도 있는데, 대부분 의식에 사용되는 것들로 방제경(중국 동경을 모방해 만든 것), 구리로 만든 창, 구리로 만든 통형의 장식품 등 실제 사용이 불가능한 장식품이었다. 우리나라는 철기 시대로 접어들어 청동기 생산이 쇠퇴했지만, 왜에서는 여전히 청동 제품의 생산이 이루어졌고, 이를 수입해 썼던 것이다.

교역을 위해 대한해협을 건너온 왜인들은 항해술이 부족했기 때문에 교역 범위가 남해안 일대를 벗어나지 못했다. 이들은 김해 지역에서 중국 상인, 마한인, 동예인 등 여러 교역자들을 상대로 직접 교역했다.

이처럼 김해 지역을 중심으로 왕성하게 펼쳐졌던 국제 무역은 4세기에 이르러 쇠퇴하게 되었다. 낙랑군과 대방군이 멸망한 후 중국 상인들의 활동이 점차 사라졌고, 고구려와 백제가 성장하여 교역에 대한 통제를 강화했기 때문이다.

또한 농업 생산력이 높아지면서 교역에 대한 욕구도 줄어들었다.

이러한 여러 원인들이 복합적으로 작용하면서 김해 지역은 국제 교역항으로서의 지위가 흔들리게 되었다.

쉬는시간 고양충전

염사치의 낙랑 망명 이야기

기원후 20~23년에 진한의 염사치라는 사람이 낙랑의 토지가 기름지고 주민들이 잘산다는 말을 듣고 그곳을 향해 떠났다. 육로를 이용해 낙랑으로 가던 중 밭 가운데서 새를 쫓는 한 남자를 만났는데 그가 말했다.

"나는 본래 중국인이고, 이름은 호래입니다. 재목을 벌채하다가 한인에게 잡혀 종노릇을 한 지 3년이나 되었습니다."

"나는 지금 낙랑에 살러 가는 길인데 너도 같이 가려느냐?"

염사치의 물음에 호래는 망설임 없이 좋다고 대답했다.

염사치는 호래를 데리고 낙랑군으로 들어가 자신이 온 이유를 말했다. 낙랑군에서는 염사치를 통역으로 삼아 큰 배를 타고 진한으로 들어갔다. 그리고 호래와 같이 붙잡힌 1,500명 중 생존자 1,000명을 구했다. 하지만 500명은 이미 죽은 후였다.

염사치는 진한의 수장에게 말했다.

"남은 500명도 마저 돌려보내라. 그러지 않으면 병사를 보내어 너희를 칠 것이다."

진한의 수장은 500명은 이미 죽었으니 그 대신 배상을 하겠다고 했다. 그들은 진한 사람 1만 5,000명과 변한포 1만 5,000필을 내놓았다. 염사치가 그것을 가지고 낙랑으로 가자 낙랑에서는 그의 공적을 크게 칭찬하며, 벼슬과 토지를 주고 자손대대로 세금을 면제해 주었다.

　이 이야기가 어디까지 사실인지는 알 수 없다. 호래와 함께 붙잡힌 사람이 1,500명이나 되는 것으로 보아 이들이 순수하게 교역을 하러 온 사람들은 아닌 것 같다. 일종의 무장 상인들로 삼한의 소국을 약탈하러 온 것이 분명했다. 그 때문에 토착인과 싸움이 벌어져 포로로 잡혔던 것이다.

　이같이 낙랑군의 상인들은 경제적 목적으로 무장을 하고 대규모로 침입해 오기도 했다. 이들은 정당한 대가를 지불하지 않고 벌목을 하거나 교역을 핑계로 약탈을 일삼기도 했다. 《삼국사기》에 신라나 백제가 초기에 낙랑과 전쟁을 했다는 기록도 이러한 사정을 담고 있는 것으로 추정된다.

　이처럼 낙랑군의 교역은 단순한 교역이 아니라 삼한 사회의 정치적 성장을 가로막기 위한 수단이었다. 또한 염사치와 같이 낙랑에 협력한 사람들은 크게 대우했지만 반기를 든 집단에게는 보복을 했음을 짐작할 수 있다. 고구려가 중국 군현과의 교역을 거부하고 이들을 내쫓기 위해 노력했던 것도 이러한 이유 때문일 것이다.

찾아보기

ㄱ
가야 33
간발 58
간봉 55
개시무역 110
개태사 90
객관 41
거란 81
거북선 32
건원중보 88
경보 91
경봉수 52
경인선 24
경주 괘릉 무인상 133
고려도경 51
고려사 68
고조선 19
공물 74
과하마 33
관 22
관갑천도 23
관도 21
광개토왕 31
국역 101
금관가야 51
금나라 81
금난전권 100
기발 57
김유신 35
김해 155

ㄴ
낙랑군 150
난전 99
남산 봉수대 53
내지봉수 52
누란 131
능도 155

ㄷ
대각국사 의천 88
대방군 151
도사 21
도성도 22
독립 협회 125
돈화문 22
돌궐 134
동경 152
등짐장수 124

ㄹ
로마제국 20
리히트호벤 130

ㅁ
마패 41, 56
마한 154
명도전 151
무신의 난 43
미천왕 64, 71

ㅂ
반량전 150
별포무역 109
병인양요 125
병자호란 52
보 91
보발 57
보부상 124
보초 90
보행객주 44
보현원 43
봇짐장수 124
봉수 50
봉수형 유리병 135

부역 87
북관개시 110

ㅅ
사상도고 101
사신무역 108
사원 42, 77
삼국유사 50
삼국지 65
삼방로 114
삼한 19
상설 시장 121
상평통보 91
성리학 91
소금 64
송나라 75
송파장 123
숭례문 22
스키타이 135
시전 74, 98
신라구 146
신석기 시대 30
신작로 25
신해통공 101
실크로드 130

ㅇ
아프라시압 벽화 131, 138
안좌선 31
암행어사 41
양직공도 132
억매 77
역 40
역관무역 108
역로 22
연봉봉수 52
연안 항로 145

염노 67
염사치 158
염전 66
엽전 94
오수전 150
왕망전 150
우역 56
원 41, 78
원나라 51
유연 133
육의전 98
은병 88
이현 102
이황 119
인두세 118
임진왜란 52

책문후시 112
청동기 시대 30
초원길 133
칠패 102

ㅌ
통도사 장생표 80

ㅍ
파발 57
판옥선 32
팔관보 91
팔포 109
페르시아 20
포자 123

ㅈ
저화 90
전안물종 100
정 22
정읍사 75
제위보 91
조개무덤 143
조공무역 81, 108
조류 144
주막 43
중강개시 110
중계무역 113
중농억상 118
직발 58
직봉 55
진대법 86

ㅎ
학보 91
해동통보 88
해동팔도봉화산악지도 55
행상 75, 120
혜음원 42, 46
호시 153
활구 88
황남대총 134
후시무역 111
후한서 137
홍인문 23

ㅊ
참 57
채제공 104

국립중앙도서관 출판예정도서목록(CIP)

상위 5%로 가는 사회탐구교실. 10, 교통과 산업 / 사회탐구총서 편찬위원회 엮음 ; 대표집필: 서영일. -- 고양 : 위즈덤하우스, 2009
  p. ;   cm. -- (상위 5% 총서 ; 050)

ISBN 978-89-6247-093-2 74980 : ₩9800
ISBN 978-89-6247-000-0(세트)

사회탐구[社會探究]
교통[交通]
산업[産業]

911-KDC4   CIP2009003584

상위5%총서
상위5%로 가는 사회탐구교실10 | 교통과 산업

초판 1쇄 발행 2009년 11월 27일   초판 6쇄 발행 2016년 1월 30일

글 사회탐구총서 편찬위원회 | 대표집필 서영일
그림 김이솔
펴낸이 연준혁
스콜라 부문대표 황현숙   **선임 편집자** 배재성
출판 5분사 편집장 윤지현

펴낸곳 (주)위즈덤하우스 • **출판등록** 2000년 5월 23일 제13-1071호
주소 경기도 고양시 일산동구 정발산로 43-20 센트럴프라자 6층
전화 (031)936-4000 • **팩스** (031)903-3891
전자우편 scola@wisdomhouse.co.kr • **홈페이지** www.wisdomhouse.co.kr

ⓒ(주)불지사, 2009
ISBN 978-89-6247-093-2 74980
ISBN 978-89-6247-000-0 (세트)

이 책은 저작권법에 따라 보호받는 저작물이므로 무단전재와 무단복제를 금지하며,
이 책 내용의 전부 또는 일부를 이용하려면 반드시 저작권자와 (주)위즈덤하우스의 동의를 받아야 합니다.
* 잘못된 책은 바꿔드립니다.   * 책값은 뒤표지에 있습니다.

스콜라는 (주)위즈덤하우스의 아동·청소년 브랜드입니다.

특별부록

논술로 다시 읽는 교통과 산업

- 첫 번째 마당 – **소크라테스 식 질문법 따라하기**
  조선 시대 금난전권의 폐해
- 두 번째 마당 – **안건 정하기**
  도로의 발달

논술 집필
대표 집필_신현숙(한국언어사고개발원 부원장)
최윤지(한국언어사고개발원 연구원), 신운선(한우리독서문화운동본부 강사),
김은영(독서교육기관 강사), 김주희(평생교육원 독서논술 강사), 신혜금(평생교육원 논술, 독서치료 과정 강사), 인선주(한우리독서지도사, 한국독서지도연구회 연구원)

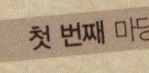

첫 번째 마당

소크라테스 식 질문법 따라하기
조선 시대 금난전권의 폐해

민주주의가 가장 먼저 시작된 그리스 아테네의 철학자 소크라테스는 사람들과 대화를 나누는 것을 무척 좋아했다고 합니다. 특히 대화를 나누면서 예리한 질문을 던져 상대방이 잘못 알고 있는 사실에 대해 스스로 깨닫게 해 주었다고 합니다. 또한 소크라테스는 자신의 유식함을 드러내기보다는 자신을 낮추면서

대화로서 상대방이 스스로 깨우치도록 도왔다고 합니다.

  소크라테스의 대화법은 정말 본받을 만하지요? 소크라테스처럼 대화로 상대방이 자신의 생각이 잘못되었음을 스스로 깨닫도록 할 수 있다면 이 세상에 싸움과 전쟁은 사라지고 평화만이 가득해지지 않을까요?

  자, 그럼 우리도 소크라테스 식 질문법을 배워 보기로 합시다.

  소크라테스와 대화를 나누기 위한 준비를 한다고 생각하고 아래 본문을 잘 읽어 보세요.

예시 글

  16세기부터 등장한 난전 상인들은 임진왜란 이후부터 급격히 증가했다. 농토가 황폐해지자 농민들이 서울로 몰려들었는데, 이들 대부분이 상업에 종사했다. 시전 상인들은 상인이 늘어나는 것이 불만이었다. 경쟁이 점점 심해져 물건 값은 떨어지고 이익은 줄었기 때문이다. 그래서 시전 상인들은 정부 관리들을 움직여 '금난전권'을 받아 냈다. '금난전권'이란 일정한 상품의 판매를 독점할 수 있는 권한이었다.

  정부에서 금난전권을 허용한 것은 세금 수입이 줄었기 때문이다. 조선의 세금은 토지세에 의지하고 있었는데, 임진왜란 이후 농토가 줄어 수입이 줄어들었다. 이를 보완하기 위해서는 시전 상인들의 지원이 필요했다. 그래서 시전 상인들에게 금난전권을 주는 대신에 국역이라는 명목으로 필요할 때마다 물품을 거두어 갔다.

위의 내용뿐만 아니라 본문에서 읽은 내용을 함께 기억하면 좋겠죠?
그럼 지금부터 소크라테스 대화법을 이용하여 묻고 답하기를 해 보겠습니다. 여러분이 답을 한다고 생각하고 질문을 잘 이해하면서 시작해 봅시다.

1. 만약 여러분이 왕이라면 시전 상인들에게 독점권인 금난전권을 주겠습니까? 그 이유는 무엇입니까?

주겠습니다. 나라 경제를 살리는 것이 우선이기 때문입니다. 세금이 잘 들어와야 나라 경제가 사는 데 세금을 걷기 위해서는 시전 상인들의 도움이 필요하기 때문입니다.

2. 경제를 살리려는 이유는 무엇입니까?

경제가 살아야 백성들도 잘 살 수 있기 때문입니다.

3. 여기서 백성들이란 영세 상인도 포함됩니까?

당연히 포함됩니다.

4. 그럼, 금난전권 때문에 영세 상인들이 잘 살 수 있습니까, 없습니까?

없습니다. 하지만 나라는 어떤 중대한 일을 실행하기 위해서는 모든 사람들을 다 만족시킬 수는 없다고 생각합니다. 그리고 당장은 희생이라고 생각할 수도 있지만 나라가 다시 경제적으로 안정을 되찾는다면 결국 영세 상인들에게도 이익이 될 것입니다.

5. 경제가 안정되기 전에 영세 상인은 몰락할 수도 있다고 생각하지 않습니까?

그럴 수도 있겠지요. 그렇지만……

6. 그럼, 영세 상인들은 금난전권의 특혜를 가진 시전 상인 덕분에 경제가 안정된다고 해도 잘 살 수가 없는 것 아닙니까?

네.

7. 그렇다면 백성들을 위해 경제를 살리는 것이 우선이기 때문에 경제를 살리는 데 도움이 되는 시전 상인들에게 금난전권의 특혜를 주어야 합니까, 아니면 주지 말아야 합니까?

주지 말아야 합니다.

'와~' 이제 끝났습니다. 소크라테스 식 대화법을 연습해 보니 어떤가요? 생각이 자꾸 꼬인다고요? 그래요. 처음에는 쉽지 않을 거예요. 하지만 연습 또 연습, 복습 또 복습하면 안 되는 일은 없답니다.

자, 지금부터 여러분의 자신감 증진을 위해 소크라테스 식 대화법을 잘할 수 있는 요령을 알려 드릴게요. 이 요령을 익힌다면 훨씬 쉽게 할 수 있을 것입니다. 소크라테스 식 대화법의 포인트는 '질문'에 있습니다. 상대방의 대답에 예리한 질문을 던져 상대방이 자기 의견에 대한 모순을 스스로 찾아내게 하는 거죠. 토론은 두 사람 이상이 있을 때 가능하지만 지금은 혼자서 하는 연습을 해 보겠습니다.

   혼자서 연습할 때는 질문과 대답을 본인이 다 해야 합니다. 그래서 질문은 자신의 입장에서, 대답은 반대편 입장이 되어서 해야 합니다.

   질문을 하는 요령은 다음과 같답니다.

반대편이 답변한 이유에서 허점을 찾아 그 이유를 묻는 질문을 한다.	2번 질문
반대편이 답변한 내용 중 약점이 될 만한 의미에 대한 정의나 범위를 묻는 질문을 한다. - 이것은 다음 질문을 하기 위해 자신이 의도한 답변을 이끌어 내기 위해서 하는 질문이다.	3번 질문
반대편이 양자택일할 수 있는 질문을 한다. - 이때 반대편이 스스로 자신의 의견을 부정할 수 있는 질문이어야 한다.	4,5번 질문
반대편이 내 질문에 부정할 수 없는 질문을 한다.	6번 질문
그동안 반대편이 답변한 내용을 정리하여 스스로 자신의 주장이 잘못되었음을 시인하게 하는 질문을 한다.	7번 질문

 이외에도 다양한 질문법이 있지만 대략 이 정도만 익혀 두어도 많은 도움이 될 것입니다. 소크라테스 식 대화법을 적용해 보면 스스로 자신이 어떤 부분에서 논리적으로 약한지 쉽게 알 수 있으며, 계속 질문을 받기 때문에 반론에 대한 연습도 된답니다.

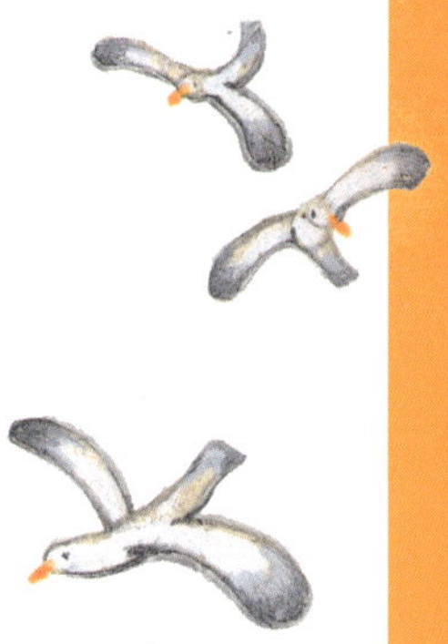

 이런 식으로 어떤 논제에 대해 스스로 질문을 만들어 가며 그 질문에 합리적이고 타당성 있는 근거를 대며 대답해 보세요. 또 자신이 대답한 내용 중에서 허점을 찾아 다음 질문을 만들어 보는 연습을 자주 해 보세요. 그러면 토론에도 조금씩 자신감이 생길 것입니다. 토론과 여러 면에서 공통점이 많은 논술에도 자신감이 생기는 것은 두말할 필요도 없지요.

 "시작이 반이다."

 여러분은 벌써 토론과 논술의 반은 배운 셈인가요? 나머지 반을 위해서 지금부터는 글을 읽을 때나 생각을 정리할 때, 또 토론이나 논술을 할 때도 소크라테스식 대화법을 시도해 보시기 바랍니다.

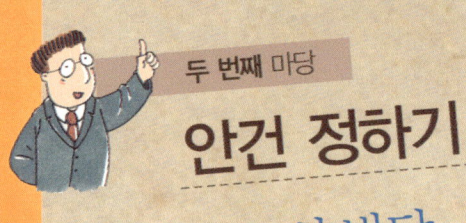

두 번째 마당

안건 정하기

도로의 발달

여러분은 읽기, 말하기, 듣기, 쓰기 중에서 어느 것을 가장 자신있게 잘 할 수 있나요?

말하기요~

맞아요. 유진이 수다 하나는 끝내줘요. 아마 '쉬지 않고 떠들기' 부분 기네스북에 올려도 될걸요.

뭐야? 저게 정말!!! 자기는 하나도 잘하는 게 없으면서…….

내가? 그렇게 말하면 섭하지! 이 오빠야말로 읽기, 말하기, 듣기, 쓰기 달인 아니냐.

하긴, 동화는 안 읽어도 만화라면 정신을 못 차리고, 남 얘기 몰래 엿듣기 대장이고, 남 놀려대는 말 잘하기 일등이고, 글쓰기 하라고 하면 한 줄도 못쓰면서 인터넷에 악플다는 것은 길게 잘도 쓰더라…….

 하하!! 아마 찬혁이뿐만 아니라 여러분 모두 이 네 가지를 다 잘 하는 사람은 많지 않을 거예요. 그래서 선생님이 지금부터 이 네 가지를 다 잘 할 수 있는 방법을 알려 주려고 해요. 궁금하죠?

 네!

 그것은 바로 '토론'이랍니다.

 에이. 아닌 것 같은데요?

토론을 하면 왜 이 네 가지를 다 잘할 수 있다고 했는지 아래 표에 정리해 놓은 것을 보면 금방 알 수 있을 거예요.

읽기	토론을 잘하려면 토론할 주제에 대한 자료를 찾아서 읽어야 합니다. 이 과정에서 우리는 자료를 찾고 분석하고 비판하는 읽기 능력을 기를 수 있습니다.
쓰기	찾은 자료를 정리한 후 내가 주장할 내용과 근거를 정리합니다. 또 상대방의 의견도 정리한 후 반론을 적어 봅니다. 그리고 토론이 끝난 후에 친구들과 토론한 내용을 정리합니다. 이 과정에서 우리는 논리적인 글쓰기 실력을 키울 수 있습니다.

말하기	토론은 말로 상대방을 설득하는 것입니다. 상대방을 설득하기 위해서는 정확한 표현과 논리적으로 정리된 사실을 말해야 합니다. 이런 연습을 계속하다 보면 말하기 실력이 쑥쑥 늘어나는 것을 느낄 수 있을 것입니다.
듣기	토론은 내 주장만 내세우는 것이 아니라 상대방의 의견을 듣고 분석하여 반론을 해야 합니다. 그러기 위해서는 상대방의 의견을 귀담아 잘 들어야 하고 그러다 보면 듣기 훈련이 잘 될 수밖에 없겠죠?

이제 토론을 잘하면 왜 읽기, 말하기, 듣기, 쓰기를 잘하게 되는지 이해가 되지요? 그럼 이렇게 좋은 토론 실력을 키우기 위해서는 어떻게 해야 할까요? 뭐니 뭐니 해도 직접 해 보는 게 가장 좋은 방법입니다.

오늘은 제시문을 먼저 읽고, 그 글에서 가장 좋은 안건을 찾는 연습을 하도록 하겠습니다. 이 연습이 필요한 이유는, 결국 논술이라는 것이 제시문이 주어질 경우는 그 안에서 자기 주장을 찾아내는 것이기 때문입니다.

주장을 찾는 일이란 결국 주어진 주제 안에서 자신의 입장을 표명할 것이 무엇인지 찾는 것이라고 바꿔 말할 수도 있습니다. 자신의 입장을 하나의 문장으로 기술한 것이 곧 안건입니다.

이 경우 안건은 가급적이면 찬성과 반대 의견이 공존할 수 있는 것으로 정하면 훨씬 설득력이 강한 논술을 할 수 있게 됩니다. 처음부터 자신의 의견과 반대되는 의견을 의식하면서 논술을 하다 보면 자기 논지가 강해집니다.

그럼, 어떻게 하면 좋은 안건을 찾을 수 있을까요?

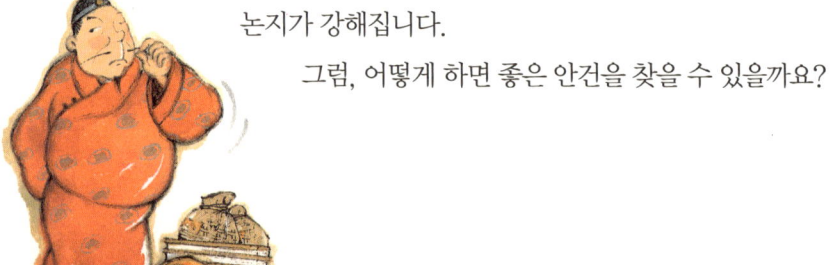

첫째, 찬·반으로 의견이 대립될 수 있어야 합니다. 이때 여론은 비슷해야 합니다. 여론이 너무 한 쪽으로만 치우치면 토론이 될 수 없답니다.

둘째, 하나의 쟁점만 있어야 합니다. 한 번에 두 가지 쟁점이 있다면 토론이나 논술이 제대로 될 수 없겠죠?

셋째, 구체적 표현이어야 합니다. 안건의 범위가 너무 넓으면 산만해져서 토론이나 논술을 하기가 어렵답니다.

자, 이제 아래 글에서 좋은 안건 찾는 연습을 시작해 볼까요?

예시 글

우리나라 도로가 크게 발전하기 시작한 것은 삼국 시대였다. 이때 도로가 발달하게 된 것은 전쟁 때문이었다. 삼국 시대에는 대규모 전쟁이 많이 일어났다. 그러므로 군대가 전쟁터로 진격하는 것과 동시에 또는 그보다 앞서 도로와 다리를 만들었다. 이렇게 처음에는 군사 도로가 대부분이었지만 차츰 국가의 통치가 안정되면서 중앙과 지방을 연결하고 경제를 묶어 주는 수단이 되었다.

고려와 조선 시대에는 삼국 시대에 만들어진 도로를 중심으로 상가와 숙박시설들이 들어서서 경제를 활성화시켰다.

일본 강점기에는 일본이 철도와 신작로를 만들어 교묘하게 우리나라의 교통과 산업을 파괴했다. 자기들의 입맛에 맞는 새로운 길과 도시를 만들어 우리나라의 경제를 손아귀에 넣었다. 철도와 신작로는 우리나라에서 일본이 필요한 물자를 쉽게 빼앗아 가기 위한 것이었다. 또한 대륙 침략을 위한 군수물자를 옮기기 위한 것이기도 했다.

앞의 글을 읽어 보니 우리가 생활하는 데 있어서 꼭 필요한 교통수단인 도로에 대한 글이군요. 그런데 긴 글이라 안건이 될 만한 주제가 쉽게 눈에 들어오지 않죠? 안건을 찾기 위해서는 좀 더 간단하게 정리된 글이 필요할 것 같군요. 같이 요점 정리를 해 볼까요?

예시 글

삼국 시대에는 처음에는 전쟁을 목적으로 도로가 만들어졌지만 후에는 중앙과 지방의 경제를 묶어 주는 역할을 했다.
고려와 조선 시대에는 도로를 따라 상가가 생기고, 숙박 시설 등이 생겨나 경제가 활성화되었다.
일제 강점기에는 침략과 약탈을 목적으로 도로가 만들어져서 우리의 교통과 산업을 파괴했다.

글을 정리하고 보니 내용이 조금 더 선명하게 눈에 들어오죠? 음! 정리된 글을 살펴보니 시대에 따라, 주체에 따라 도로가 만들어진 목적이 다르다는 것을 알 수 있네요. 이 목적에 따라 도로의 쓰임새나 사람들의 생활에 끼친 영향이 다르겠지요?

도로의 발달이 사람들에게 좋은 점도 있었겠지만 그렇지 않은 점도 있었을 것 같아요. 여러분은 도로의 발달이 과거 사람들에게 좋은 점이 더 많았을 것 같은가요? 아니면 안 좋은 점이 더 많았을 것 같은가요? 다른 나라와 빠르고 쉽게 교류할 수 있어서 좋았을 것 같다고요? 그렇지만 일본처럼 나쁜 목적으로 만든 도로는 한 나라를 착취하기 위한 것이었기 때문에 안 좋았을 것 같다고요? 그래요. 도로의 발달로 인해 좋은 점도 있었겠지만 그렇지 않은 점도 있었을 거예요. 이제 이 정도 논의가 되었으니 본격적으로 안건 찾기에 들어가 볼까요?

 여러분, 앞에서 좋은 안건을 찾기 위해서는 어떻게 해야 한다고 했는지 생각나지요? '첫째, 찬성/반대로 나뉠 수 있는 의견이어야 합니다.' 라고 말했어요. 위에서 논의된 내용 중 '도로의 발달이 사람들에게 좋았을까 그렇지 않았을까?' 라는 두 가지 의견으로 나누어진 것이 있네요. 그럼 첫째 조건은 충족된 거죠?

 이제 둘째 조건으로 넘어가 볼까요? 둘째 조건은 하나의 쟁점만 있어야 한다고 했습니다. 그럼, 하나의 쟁점이 되도록 의견을 다듬어 볼까요? '도로의 발달이 사람들에게 좋았을까 그렇지 않았을까' 를 다듬어 보면, '도로의 발달은 사람들에게 좋은 점이 더 많았을 것이다.' 또는 '도로의 발달은 사람들에게 안 좋은 점이 더 많았을 것이다' 라고 할 수 있습니다. 좋은 점이 더 많았느냐 아니냐만 가지고 토론하면 되기 때문에 쟁점이 하나여야 한다는 조건에도 충족되었습니다.

 이제 마지막 조건을 떠올려 보세요. 셋째, '안건은 구체적이어야 합니다.' 이제 이 조건을 충족해야겠죠? 위에서 정한 안건 '도로의 발달은 사람들에게 좋은 점이 더 많았을 것이다.' 는 시대적 범위가 과거를 말하는 건지 현대를 말하는 건지, 아니면 과거부터 현대까지 말하는 것인지 시대적 범위를 알 수가 없어요. 그래서 그대로 토론을 하면 너무 산만한 토론이 될 수 있습니다. 그러니 조금 더 범위를 좁혀 볼까요?

 '도로의 발달은 과거 사람들에게 좋은 점이 더 많았을 것이다.' 로 하면 어떨까요? 물론 '과거' 라는 것도 범위가 넓기는 하지만 위 본문에서 제시된 시대는 삼국·고려·조선·일제 시대이니 '과거' 라고 해도 무리가 없을 듯합니다.

 자, 이제 최종적으로 안건을 마무리해 볼까요?

> 도로의 발달은 과거 사람들에게 좋은 점이 더 많았을 것이다. 또는 도로의 발달은 과거 사람들에게 안 좋은 점이 더 많았을 것이다.

그런데 안건 두 개 중 어느 것을 정해야 하는지 잠시 고민이 되지요? 고민하지 마세요. 안건 두 개 중 어느 것을 해도 상관없으니까요.

이렇게 해서 안건 찾기 연습이 끝났습니다. 안건 찾기를 해 본 소감이 어떤가요? 어렵다고요? 당연하지요. 하지만 좀 더 연습을 하면 잘할 수 있다는 사실은 다 알고 있죠?

그런 의미에서 한 더 연습해 볼까요? 이번에는 좋은 안건 찾는 방법을 떠올리며 스스로 해 보도록 하세요.

예시 글

조선 시대의 농민은 국가를 운영하는 데 중요한 계층이었다. 왜냐하면 조선의 세금은 농지세와 인두세에 기반을 두고 있었기 때문이다. 그래서 정부는 세금이 줄어드는 것을 방지하기 위해 가능하면 백성들을 농촌에 붙잡아 두려고 했다. 농민과 달리 상인은 이동 생활을 하기 때문에 인두세를 걷기가 어려웠기 때문이다.

조선 전기에는 정부나 양반 지주 대부분이 상업의 발달에 관심이 없었다. 반대로 농사 기술의 발전에는 큰 관심을 가지고 있었다. 그 덕분에 농사 기술이 크게 발전했으며, 농토의 면적이 확대되고 수확량도 많아져서 당연히 국가의 수입도 늘었다. 이와 반대로 상업 행위는 철저히 금지했다. 그 이유는 상인이 많아지면 놀고먹는 백성이 많아지고 농촌이 황폐화된다는 것이었다. 또 장시가 발달하면 자연히 이익을 다투어 풍속과 인심이 나빠지고, 장터를 중심으로 도둑도 극성을 부리게 된다고 주장했다. 하지만 이는 어디까지나 백성들이 상업의 이익을 알아 농토를 떠나는 일이 생기지 않도록 하기 위해서 하는 말이었다.

잘 읽어 보았나요? 그럼, 첫 번째 해야 할 일이 뭐지요? 그래요. 위 글을 정리해야 합니다. 자, 시작해 보세요.

조선 시대는 세금을 농지세에 의존하고 있었기 때문에 농업을 장려하고 상업은 억압했다. 덕분에 농사 기술이 발달해 농업이 많이 발전했다. 그러나 정부는 백성들이 상업에 종사하면 국가의 수입이 줄어들 것을 염려하여 상업을 억압했다.

이제 요약 정리가 끝났으면 정리된 글을 다시 한 번 읽고 안건이 될 만한 의견을 찾아보아야 합니다. 논의될 만한 주제가 어떤 것이 있을지 요모조모 잘 따져 보세요.

조선 정부는 국가의 수입을 위해 의도적으로 농업을 장려하고 상업을 억압했다. 덕분에 농업 기술이 발전하긴 했지만, 과연 정부가 국가의 수입을 위해 상업을 억압한 행위는 어쩔 수 없는 일이었을까?

논의가 될 만한 주제도 잘 찾았어요. 그럼, 이제 안건을 정해 보세요.

정부가 국가의 수입을 위해 상업을 억압한 행위는 옳지 않다.

네. 안건도 잘 정했어요. 그러면 안건의 조건에 맞는지 마지막 점검을 해 보세요.

첫째	정해진 안건이 찬·반으로 의견이 대립될 수 있나요?	(네)
둘째	하나의 쟁점만 있나요?	(네)
셋째	구체적 표현인가요?	(네)

이 모든 조건을 충족했다면 여러분은 좋은 안건 찾기에 성공한 것입니다.

여러분, 안건 찾기를 해 보니 왜 토론을 하면 읽기 실력이 는다고 했는지 알겠죠? 이제 찾은 안건으로 친구들과 토론 연습을 열심히 한다면 말하기, 듣기, 쓰기 실력까지 쑥쑥 키울 수 있을 것입니다.